金牌内训师
工作法则

智慧
轻开发

李雄 著

中华工商联合出版社

图书在版编目（CIP）数据

金牌内训师工作法则．智慧轻开发 / 李雄著．-- 北京：中华工商联合出版社，2024.2
ISBN 978-7-5158-3859-5

Ⅰ．①金… Ⅱ．①李… Ⅲ．①企业管理—职工培训 Ⅳ．① F272.921

中国国家版本馆 CIP 数据核字（2024）第 026558 号

金牌内训师工作法则．智慧轻开发

作　　　者：	李　雄	
出　品　人：	刘　刚	
图 书 策 划：	蓝色畅想	
责 任 编 辑：	吴建新　林　立	
装 帧 设 计：	刘红刚	
责 任 审 读：	付德华	
责 任 印 制：	陈德松	
出 版 发 行：	中华工商联合出版社有限责任公司	
印　　　刷：	三河市九洲财鑫印刷有限公司	
版　　　次：	2024年5月第1版	
印　　　次：	2024年5月第1次印刷	
开　　　本：	710mm×1000mm　1/16	
字　　　数：	190千字	
印　　　张：	14	
书　　　号：	ISBN 978-7-5158-3859-5	
定　　　价：	56.00元	

服务热线：010-58301130-0（前台）
销售热线：010-58302977（网店部）
　　　　　010-58302166（门店部）
　　　　　010-58302837（馆配部、新媒体部）
　　　　　010-58302813（团购部）
地址邮编：北京市西城区西环广场A座
　　　　　19-20层，100044
http://www.chgscbs.cn
投稿热线：010-58302907（总编室）
投稿邮箱：1621239583@qq.com

工商联版图书
版权所有　盗版必究

凡本社图书出现印装质量问题，请与印务部联系。
联系电话：010-58302915

前 言

随着各行各业专业知识的融会贯通,"轻开发"这一词语逐渐出现于人们的视野之中,"轻"取轻微、轻便之意,"开发"是指开拓、发现,将两个词语融合在一起可以指发掘便于解决问题的方案,就很多企业的现状而言,伴随着发展会出现各式各样的问题,解决问题的直接方法就是从人员角度出发,通过课程培训来提高员工能力,以此加快问题解决、工作处理的效率,所以"轻开发"常用于表示企业培训课程的开发。一提起"课程"二字,多数人的第一反应是我们在校求学时期每天接触的书本与课堂,其实并不尽然。每个行业、每个企业都会涉及相应的"课程",并且都需要逐渐开发,成为促进企业发展、人才成长的制胜法宝。例如,企业内部人员的管理需要开发关于人力资源管理方面的课程;IT技术企业需要开发有关软件、硬件知识的课程;原材料生产行业需要开发涉及生产流程相关的课程,等等。

对于一名学生而言,一门有实用价值、吸引力较强的课程,能够成为其学习生涯的转折点,激发自身的学习兴趣,实现学习成绩的逐渐提高。这一道理在企业培训中同样适用,开发一门利于企业与人才同步发展的课程,是每一位负责课程开发工作的内训师的出发点,也是贯穿其职业生涯的宗旨。

本书主要分为四个部分、七章来阐述企业课程开发,第一章说明课程开发的含义,对培训课程的运用基于认识与理解;第二章说明企业课程开发的意义与价值，便于读者真切感受企业开发培训课程的作用；第三章说明课程开发标准，有标准才可以开发出有意义的课程；第四章、第五章、第六章和第七章依次说明课程开发的目标、框架、内容和工具。这四部分涉及的内容是企业开发课程的完整体系。

想要开发有实际意义的课程，需要关注整个开发过程中的每一个细节，这本书注重讲解课程开发的四个方面，包括确定目标、完善内容、制定框架和使用工具，旨在让读者清晰地了解课程开发的流程与重点，帮助企业降低课程开发的难度，促进课程开发实现高效化。

目 录

第一章 理解"课程开发"
第一节 课程开发的含义 // 3
第二节 课程开发的原则 // 6
第三节 课程开发的要素 // 15

第二章 企业培训课程开发的意义与价值
第一节 提高员工能力 // 23
第二节 传承技能知识 // 27
第三节 宣扬企业文化 // 32

第三章 课程开发的标准
第一节 课程开发过程中常见的问题 // 37
第二节 课程开发的三大标准 // 46

第四章 确定课程开发目标
第一节 课程开发模型 // 59
第二节 课程开发流程 // 83
第三节 课程开发目标 // 91

第五章　建构课程开发框架
　　第一节　明确课程开发的目的 // 107
　　第二节　课程开发的内容分析 // 113
　　第三节　课程开发的结构分析 // 128

第六章　完善课程开发内容
　　第一节　显性知识与隐性知识 // 143
　　第二节　课程内容的从无到有 // 158
　　第三节　课程内容的从有到优 // 163

第七章　使用课程开发工具
　　第一节　课程开发的教学方法设计 // 187
　　第二节　教学方法的使用案例分析 // 192
　　第三节　授课工具的选择与使用 // 203

第一章

理解"课程开发"

　　课程开发引申于教育学领域，将这一理念用在企业经营管理中能够发挥出明显的作用，在此期间，关键在于如何理解"课程开发"。开发企业培训课程需要遵循相应的原则，避免"无厘头"行为的出现。另外需要注意的是，既然要开发课程，就理应清楚组成课程内容的要素。

第一章 理解"课程开发"

第一节 课程开发的含义

课程开发是在进行需求分析的前提下确定课程目标,并在已有目标的基础上选择对相应的课程内容进行计划、组织、实施、评价、修改等活动,以达到所确定目标的过程。当然,与其说课程开发是一个过程,不如说它是一个目的,课程开发的过程是开发,结果是课程,最终目的就是完成课程开发所能发挥的作用。在详细掌握课程开发过程、了解课程开发内容之前,我们需要理解所谓"课程开发"的含义是什么,在理论知识储备充足的条件下,才更具有实践与操作能力。

一、"轻开发"的含义

"轻"字在生活中被广泛应用,我们常说"轻车简从",这里的"轻"取"轻巧"之意,"开发"是指以特定资源为对象进行劳动,达到利用的目的,所以可以将"轻开发"理解为简便开发的意思。"轻开发"是目的也是过程,企业进行课程开发的时候可以将"轻开发"应用于其中。课程开发的顺利进行,也就预示着企业内部相对应的项目管理达到不错效果,如此对企业发展与运营来说便是一大助力。

二、课程开发的概念

（一）狭义的课程开发

"课程开发"一词是从类似"Curriculum Making""Curriculum Building"等英文词组衍生而来，这些词组经常被翻译为"课程设计""课程建构"等。狭义的"课程开发"可以理解为涉及学校教育的教学活动中的一个重要环节，在教育活动中，课程开发强调"开发"与"应用"的作用，主要以培养应用型人才为目的。

很多人认为"课程开发"与"课程设计"并无不同，其实两者在步骤流程上存在一些差异，课程设计的主要环节包括课程目标和课程内容等，与之相比，课程开发会更加丰富一些，其内容包含有课程目标、课程内容、课程框架、课程工具等。课程开发不是基于简单的需要，而是结合多方面因素进行的综合性设计活动，所能发挥的作用更明显、更广泛。

（二）广义的课程开发

"课程开发"的概念其实并不仅仅适用于教育领域，它是很宽泛的，各行各业都需要课程开发发挥作用。现如今，"课程开发"这一概念逐渐引入职场之中，演变为"企业课程开发"。企业课程开发主要针对岗位需要，首先需要对"被开发"岗位进行全面的分析，目的是提取出岗位所需人员具备的能力与技能；其次是在确定能力需求后，对员工进行相应的培训，使具备能力的人员实现提升、不具备能力的人员能够胜任工作；最后培训并不是最终结果，能够维持或提高能力水平才是关键，所以课程需要不断地开发完善、完善开发。

"课程开发"不是我们所知晓的简单的校园课程开发,这一概念的影响力与作用力已经逐步拓展到其他领域之中,引进"课程开发"的企业都期望它能够发挥出理想的作用。同时,课程开发并不是一件一镜到底、一劳永逸的事情,随着企业的发展、岗位的调整、工作的变动、人员的流动等诸多变化的产生,课程开发过程需要不断调整、完善,以适应不断变化的企业现状。

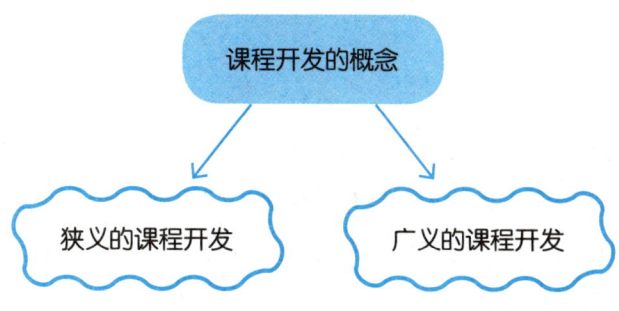

图 1-1　课程开发的概念

第二节 课程开发的原则

我们知道，凡事都要讲究原则，在做任何事情之前都需要有一个明确的方向，正所谓先有计划才可以有所行动，而且在制定计划的过程中会伴随着出现对应的原则。随着职场形势的不断变化，相同行业、相似企业之间的竞争逐渐激烈，课程开发成为各个企业增强实力的有效方式之一，在课程开发过程中，负责人员都是绞尽脑汁，力图制定的方案可以与企业有更高的适配度，达到"做即用"的目的，因此在制定原则方面投入了很大精力，希望在原则之内实现课程开发效益最大化。

一、原则的重要性

在日常生活中，我们认为遵循原则是达到目的的一个重要环节。所谓原则，是指面对问题、处理问题的准则。对于企业而言，负责课程开发的人员需要做到头脑清晰、条理分明，应该遵循相关的原理，有依据地制定课程方案。对问题与事物的认知与处理，会受到经验、立场、环境等因素的影响，是非分明地面对现实情况是一个课程开发人员必须要做到的事情。

（一）原则为何重要

在处理事情时，每个人都有不同的原则，大家可以遵循内心的原则来应对问题。但针对企业要解决的问题，并不是一个人就可以完成的，往往需要一个团体来处理，所以团体内的人员需要有相对统一的原则。企业的招聘、考核、试用等环节均具有设置原则的意义，在相同的职场环境内，各位员工如果不能相互适应、共同合作，是很难齐头并进的，所以企业在选用人员的过程中，一定要注重了解不同员工的原则认知。员工之间如果能够相互认可、尊重对方的原则，大家才可以团结到一起，共同为企业发展而努力。所以说，无论是对个人，还是对企业，原则都是很重要的。

（二）原则从何而来

原则可以是"凭空而来"，也可以是"有机合成"，也就是说我们所遵循的原则，可能是个人习惯，也可能是接受他人想法。很多人认为可以借鉴他人的想法，既省时又省力，但是如果能够有自己的想法与原则才是最好的。人们常说"过程比结果更重要"，所以比起原则发挥的作用，形成原则的过程却更加重要。无论是个人，还是企业，探索原则的过程也是不断磨合的过程，自己确立的原则才是最适合自身发展的。原则的来源很广泛，可以源自生活、书本、个人经历……但重点是逐渐转化的过程。不经过思考而被采用的原则一般是不正确的。

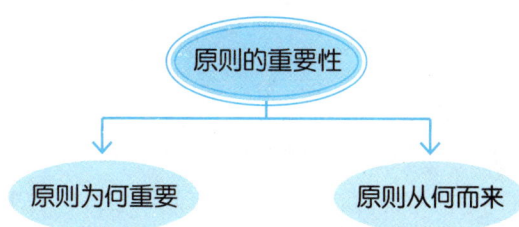

图 1-2　课程开发的原则

二、课程开发的原则

企业培训课程开发目标需要首先被确定,而设立方向明确的课程目标,就需要有一套包括探索、研究、实验的完整体系。企业制定的课程方案需要贴合企业内部实际情况,不能简陋单一,也不能夸大其词,一个科学合理的课程开发体系要具有很高的存在价值。确定课程开发方案之后,在一定的时期内,企业内部的所有成员,不论层级高低、职位差异,都必须尽可能地遵循方案规定。为了满足大多数员工的意愿与需求,在课程开发过程中就必须重视诸多原则。

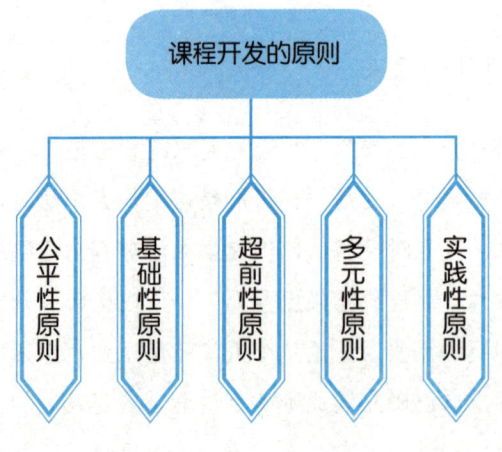

图 1-3　课程开发的原则

(一)公平性原则

在市场环境中,公平性原则一般强调在统一的工作中,所有职场人员应该享受平等的待遇,不能存在特权,也不能被安排不公平的工作任务,员工的权利与义务应该保持一致性。企业开发的课程不能围绕企业利益而设置，也不能有区别地以部分人的需求来替代多数人的意愿。在一个企业内部，不同的员工有自己不同的兴趣、爱好及需求，培训课程可以根据不同人的特性开发出适用性尽可能广泛的目标及要求。也就是说，越是能够关注员工的特性，往往越能够开发出理想的课程。课程开发的目的是促进企业发展，而这离不开每一位员工的努力与进步，所以比起企业短暂时期的盈利，员工能力的提升更加重要，因为对员工的投资很大程度上就是为企业创造价值。

（二）基础性原则

任何行业、任何企业都需要不同类型的人才从事区别性的工作。所处岗位不同，员工需要负责的工作内容必然会存在不同，相比于我们所了解的校园课程，企业的课程更偏重于专业化。

对于一名学生而言，学校教育更多的是强调培养全面发展的人才，所以"技多不压身"是多数教师以及家长的期望与目的，而作为职场人员，企业培训的目的是帮助员工成长，但最终目的是帮助企业盈利，所以比起各方面能力兼备的人员，企业更乐意培养某一方面的专精人才，需要员工能够熟练地完成属于自己业务范围内的工作即可。

人的能力与精力是有限的，在工作过程中，员工也更愿意专注于自己的本职工作，科技的发展与时代的进步，都推动着员工不停地进步，为了做好本职工作，员工会付出时间来进修，但是所有的进步都会表现于自己涉及的领域。比如，教育行业更加注重专业化，无论是学校还是教育机构，虽然都很看重学历，但是更加重视员工是否具有教书育人的能力。一个学识渊博的教师如果不能将自己的知识传授给学生，那么他就不是一位合格的教师。再如近几年比较热门的财务会计行业，企业在招聘员工、培养员工的过程中会更偏向于专业性，无论对方的工作资历多么丰富，如果缺乏岗位相关经验，就不是企业所需要的人才，这就如同游泳健将参加短跑项目并不一定会取得好成绩一样，因为隔行如隔山。

（三）超前性原则

市场环境瞬息万变，不能适应发展节奏的企业会被"踢出局"，不能为企业适应节奏作出贡献的人员也会被淘汰，所以企业出于稳固自身竞争实力的目的会加强对员工的培养。人才的培养具有周期性，不可能在短期内实现，所以企业在制定培训课程目标时要具有前瞻性，准确地预测出市场发展的未来走向，根据发展需要培养所需人才，课程开发负责人员的预测可以为人才培养提供依据。

随着经济全球化的快速发展，某企业将面临着整体售后体系规范化、标准化的考验，面临着人员能力适配的需求。外包与代理人员需要经过专业系统的培训，以服务促销售。基于此，该项目课程开发团队着力于打造良好优质稳健的培训体系，良性培训团队的培养有利于培训武器——课件的打造，并展开整体服务体系建设优化。本次的课程开发项目主要包括五个环节，依次为实地调研、课纲拟定、课件制作、题库出具和手册制定，在这五个环节中，超前性原则主要体现在前两个环节上。

实地调研：本次课程开发项目选择在上海及深圳地区进行实地调研，将调研对象确定为热线质检主管、排班管理人员等，确保开发的课程符合需求且能切实落实到位。

课纲拟定：根据客户服务人员的工作性质，并结合调研结果进行分析，合理地制定培训课大纲，为后续课件制作等打下良好的基础，旨在有针对、有效率地帮助员工实现能力提升。其中两门课程纲要设计如下：

课程1：《专业发声发音技巧训练》。

培训课时：一天为一期。

培训对象：热线客服工作人员。

培训目标：1. 契合语音服务的工作特性，掌握正确的语言发声、气息控制技巧；

2. 提升语言表达方面的专业技巧，学会通过语言传递优质服务；

3. 塑造语音服务的亲和力，树立专业、友好的声音形象；

4. 学会正确用声和嗓子保护，延长语言服务的生命周期。

课程大纲：1. 热线客服的发声状态

1.1 正确认识和使用发声器官

1.2 有亲和力的语言服务特点

1.3 热线客服在声音和语言上的专业要求

……

课程2：《消费者心理与沟通技巧》。

培训课时：一天为一期。

培训对象：热线客服工作人员、门店服务工作人员。

培训目标：1. 了解一般客户、投诉客户的心理情况，学会判断客户的不同类型；

2. 掌握针对不同类型客户的心理规律，增强沟通技巧的针对性；

3. 掌握更实用的沟通技巧，提升倾听、应答、问话和积极沟通能力。

课程大纲：1. 一般客户心理分析及沟通方法

1.1 一般客户的心理现象分析

1.2 客户的心理需求分析

1.3 一般客户的人际风格分析

……

从上述案例中的两门课程的设置过程可以了解到，在整体设计工作之前，预先的了解与准备至关重要。企业培训课程后期的投入与实行都需要有理论支撑，而实地调研和课程大纲拟定就是关键步骤。秉持着超前性原则，在调研与拟定的同时，企业需要预想后续的发展方向与进程，保证最终设置的课程能够在自己设想的时间期限内发挥作用，成为员工发展与成长的"指向标"。

（四）多元性原则

行业与专业的互通性愈发明显与平常，企业在培养专业人才的同时也很注重员工的全面发展。虽然不要求每个人都能做到"样样精通"，但是具有一定跨职业、跨岗位能力的员工往往更加容易把握住工作机会。"多元性"概念逐渐被引入企业课程开发中，在我看来，为了满足员工多元化发展的需求，企业可以适当地开发多种课程，可以效仿校园课程，设置选修课、必修课等多样化的课程内容。与此同时，太过于全面的单一课程在学习与投入时会略显吃力，所以为了真正引导员工实现多元化发展，企业的培训课程可以将培训目标精细化，使得进修方向多元化。

据了解，某公司在对地市渠道主任进行培训时就开发了相应的课程，而针对这一类人员培训时，企业也比较精细地分划了培训板块，该企业的培训课程按照不同细化方向设置了七个课件输出方向，分别为社区攻防能力提升、核心厅店连锁化运营、专业化运营团队管理、通信渠道管理工作办法、商业综合体门店拓展运营、规范管理和渠道拓展与布局规划。

不仅如此，该公司在课程实施过程中也优化更新了四个维度，也就是多元化之外的多维度。项目的亮点在于项目执行更精密、项目环节更闭环、产出成果更丰富、成果应用更广泛。详细分析如下：

项目执行更精密：项目筹备、实施、跟进等阶段执行更充分完善，因此

第一章 理解"课程开发"

项目执行周期更长；

项目环节更闭环：项目实施中增加课题调研、管理岗学习地图搭建、师资培养及特训营三个月训后跟进，尤其是三个月训后跟进，充分保障了学习内容切实落地实施；

产出成果更丰富：相比之前课程的产出成果，本次增加讲师手册、课程微课、岗位学习地图、认证师资库等；

成果应用更广泛：本次项目产出的成果可以同时应用到销售及渠道拓展管理岗培训中，实现一次开发多次使用。

当企业将目光聚焦于员工的多元化发展后，就会慢慢地发现不同员工的另一面，在为员工提供了不同的选择后，他们可以有遵循自己意愿的空间，基于此便可以有目标、有计划、有要求地参与培训、进行提升。

（五）实践性原则

所谓实践性原则，在于"实践"与"课程"相互黏合，企业开发的课程需要投入员工培训中，在这期间，我们将开发视为"目标"，将实施看作是"目的"，而实践就如同是"过程"，凡事有因有果，有需要就有满足，而这一切前提都需要有尝试与改进的过程。企业的课程经过开发，在投入使用之前需要抽取一定数量的员工或者由负责人自己先进行实践，掌握课程的可行程度，在确定最终培训结果符合期望后方可应用到内部员工身上。在实践过程中，也是为了测试课程的实践性，不能通过实践考验的课程将会被改进，甚至是推翻重来。

某公司确立了店长人才开发项目，本次项目分为五个阶段，依次为岗位工作写实、学习地图绘制、面授课程开发、人员能力认证和岗位工具输出。对公司的课程开发项目进行剖析，发现在第三阶段的面授课程开发中，企业考量了实践性原则，此阶段又可分割为三个环节，依次为坊前设计、坊中实施和坊后评估，各环节的事宜分布如下：

坊前设计：即准备阶段，聚焦课程目标和培训方式的确定；

坊中实施：团队共创、萃取、评估（说课）、纠偏，循环完善，确定课程内容；

坊后评估：即坊后迭代阶段，聚焦课程内容的精进。

在开发面授课程的过程中，重心应在坊中实施上，这个过程就是将课程培训内容进行实践、改进、再实践、再改进的复杂反复的流程，一直到企业开发的课程通过多次实践并确定内容后，才可以将相对完善的课程投入多数员工的培训中。简单地说，就是由少数人不断地实验出符合多数人的培训方案。实践的作用就在于取"相对的最大值"，即在满足多数员工意愿的情况下实现企业利益最大化。

第三节 课程开发的要素

为了更加准确地把握发展节奏，现在很多企业都愿意耗费大量的人力及物力投入开发培训课程之上，希望能够在综合考量企业实力及员工能力的情况下设置出合理的课程。培训课程开发，是指培训开发师根据设立的培训目标、培训内容及员工发展详情，不断优化改进并组织出的课程方案。在整个课程开发过程中，需要考虑的因素有很多，主要有明确培训需求、清楚企业实力、了解员工兴趣和掌握员工能力四大要素。

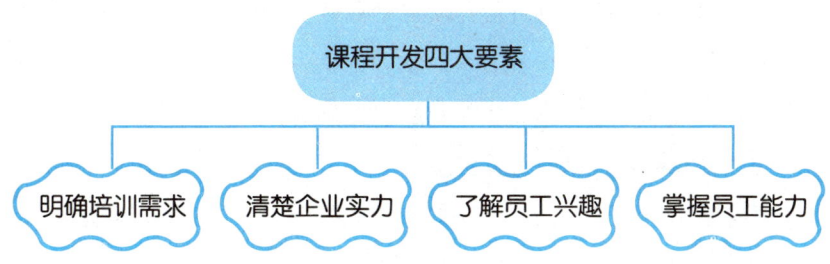

图 1-4 课程开发的要素

一、明确培训需求

在课程开发过程中，确定培训需求可以说得上是迈出的第一步，这一步并不是简单地撰写方案，对应设置措施与政策，而是一个比较漫长且需要精细实施的过程。在此过程中，开发人员不仅需要了解企业的需求，也需要调查员工的需求。对于企业而言，哪一方面人才短缺固然需要培训具备相应能力的员工，但对于员工而言，不同员工的原有能力、学习能力都不相同，这时候就需要尽可能地了解每一位员工的需求，所以这是比较耗费时间及精力的过程。明确真实的培训需求，是后续所有流程的基础，只有在需求确定的情况下，才可以严丝合缝地开发出正确、合理的培训课程。

二、清楚企业实力

企业有培训需求，才需要开发培训课程，但并不是想起什么就做什么，如果需求过于不切合实际，那就没有必要纳入课程内容当中，所以就很有必要清楚地知晓企业的实力如何、潜力怎样。负责课程开发工作的人员需要客观地了解企业的实力，并根据实际估测企业的潜力，在此基础上才可以制定出真正适合企业的课程方案。很多人认为"没有野心的企业无法发展起来"，但是如果不能真正了解自己的内部实力，就盲目地花费精力与资金，岂不是在耗费自己的宝贵资源？

有些企业能够久盛不衰，并不是依靠制度的约束与引导，而是靠着员工之间的情感纽带。水土不服的"绩效主义"破坏了这一纽带，使得企业开始走下坡路。究其原因，是企业不清楚自己的内部情况。该公司的发展需要员工"抱团前进"，所以重点需要关注员工的情况，而不是盲目地以企业绩效为目的。

三、了解员工兴趣

开发课程的培训方向不仅仅取决于企业内部，更需要了解员工的需求，常言道"兴趣是最好的老师"，将员工往他自身渴望的方向培养，效率与速度会明显提升。员工工作的目的是满足自身需求，而这个目的可以分为直接目的和附加目的，直接目的就是最基本的薪资，工作是为了维持生计，追求质量更高的生活，这一目的是员工的重要动力；而附加目的则是指在工作过程中员工除去薪资以外的其他收获，其中能够起到较大推动力的因素就是兴趣爱好。

我国某集团致力于为员工营造有趣的工作氛围，比如，组织集体婚礼、兴趣派对、年会活动等，其中的"兴趣派对"便是企业内部员工按照各自的兴趣组成不同的小组，使得员工在工作之余也收获了轻松与愉悦。对员工兴趣的重视有利于加强员工之间的交流，使得员工意识到利益之外也有温情，有共同爱好的员工在工作过程中会相处得更加融洽，处理业务也就更有默契，从而可以实现工作高效化。

当然，开发课程时主要还是关注企业内部情况，员工兴趣是次要的，毕竟公司是创造价值、收获酬劳的地方，并不是免费的社交场所，所以培训课程在融入员工兴趣时需要做到以下几点：

（一）兴趣培养不占用工作时间

了解员工兴趣并加以培养是为了调动其工作积极性，如果兴趣培养占用工作时间，就容易出现在规定的工作时间内员工无法完成工作任务的情况，这便间接地延长了员工的工作时长。随着时间的增长，很多员工会认为是自己的兴趣拖累了自己，那么培养兴趣的结果就成了抹杀兴趣，结果便适得其反了。

（二）以能力培训为先、兴趣居后

对员工兴趣的培养通常是伴随着能力培训的，企业开发培训课程主要是为了应对企业发展、岗位需要，所以员工的能力培训应放在首位，兴趣培养是次要的。如果用大篇幅的课程内容针对兴趣培养的话，就是本末倒置了，搞不清需求定位的课程不会被企业培训所应用。此时，就需要不断地改进完善，做到以培训员能力为核心。

（三）可以引入外界的培训资源

课程开发负责人员在制定兴趣相关课程内容时，没有必要花费大量的时间及精力进行编排，可以根据员工不同的需求适当地从外界引入培训资源，例如开设口语班、音乐班、甜点班等，这些在很多企业内都组织开展过，可以直接借鉴使用。在引入外界资源后，可以鼓励员工积极参与，并做好有序的组织安排，让员工在需求被满足的情况下发展自己的兴趣，在一定程度上也可以帮助其释放压力。

四、掌握员工能力

所谓物尽其用、知人善任，意指只有真正了解员工的能力，才可以安排其到适合岗位上发挥作用。培训课程的培训对象是员工，所以在开发内容的过程中尤其需要掌握员工的能力。企业对员工进行培训时可以遵循"统一培养"的原则，但这里的"统一"并不是指培训内容一模一样，而是指培训节奏的一致，对不同员工的培训保持节奏统一、步调一致，在能力培训方面却呈现出"万花筒"模式。

一名农业学研究人员不一定会比农民更了解播种节奏，这一道理告诉我们，每个人都有自己擅长的领域，这与其所处岗位相对应。作为一名研究人员，主要工作是研发农业方面的新品种或新技术，但身为农民，劳作耕耘便是日常。在企业内部同样如此，例如在互联网公司里，有负责宣传工作的人员，也有负责维护优化网站的人员，如果培训课程内容不作出区分，就会导致不同岗位人员的学习内容出现混乱。学习自己不擅长的知识，既浪费时间及精力，又不能发挥用处，所以针对不同员工的需求制定合理的培训内容至关重要。

不同规模企业在开发课程时需要考虑的因素也有所不同，但是任何企业都需要关注企业需求、企业实力、员工兴趣、员工能力这四个因素，因为开发培训课程的需求方是企业，培训课程的实行方是员工，所以必须围绕这两者进行开发。就企业而言，需求可以作为培训课程的目标，实力是确定内容的依据；从员工角度出发，除去企业需要外，自身的兴趣也可以作为增加工作动力的一个方向，能够激发员工积极性的培训课程更具有开发意义。另外，课程开发需要符合实际，对员工的培养应该是其需要的、能够助其达到目标的。

第二章

企业培训课程开发的意义与价值

很多企业及内部员工表现出强烈的课程开发欲望,但是却没有清晰的目标认知,一切需求都会受到盲目的"随大流"心态的影响。这样的理解并不正确,迫使企业及员工产生相应需求的原因必须是课程开发所能发挥的作用。

23　第二章　企业培训课程开发的意义与价值

第一节　提高员工能力

企业开发培训课程的直接目的是促进企业发展与运营，培训课程投入的直接结果是提高员工的职业能力，帮助员工更加游刃有余地应对日常工作，甚至是承担更加烦琐的工作任务。我们常见的员工能力培训是指着重培养员工适应工作任务的能力，旨在提高其工作效率。现如今，很多企业开始关注员工工作状态的培养。有人表示疑惑，不理解工作状态该如何培养，其实这主要包括员工的职业能力、接受能力、发散思维以及共享意识。能够得到全面发展的员工，不但可以更加高效地完成工作任务，为企业作出更大贡献，也可以为自身争取到更高的薪资待遇、更好的晋升机会。

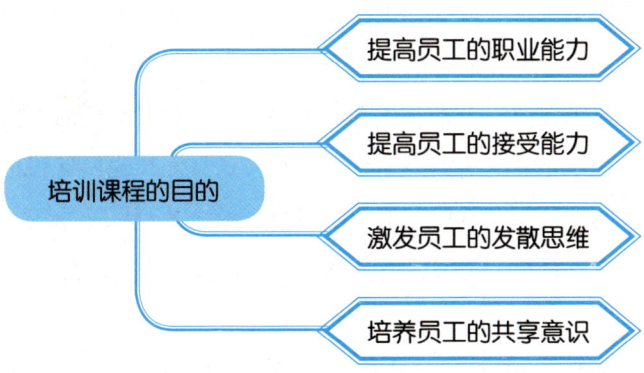

图 2-1　开发培训课程的目的

一、提高员工的职业能力

企业在开发培训课程的过程中，第一项工作是对内部详情进行调研记录，之后制定的课程内容主要是基于不同岗位工作人员的能力短板，这主要是强调对员工职业能力的培养。培训课程的设置核心在于培训，要能够满足员工职业发展的需要，不同岗位的工作人员需要具备不同的知识与技能，因此需要进行有区别的培训。身处于同一家企业，不同员工有不同的职业规划，也因此需要参与相应的系列培训。开发企业课程发挥培训作用的标志就是员工知识储存与职业能力的提高，在相同的频率上，员工意识到自身能力有所提升，面对工作也会感觉到轻松，从而能够调动其工作积极性与主观能动性。每个人都有属于自己的"宏图大志"，任何员工在加入一家企业时都怀揣着自己的目标，企业培训课程在提高员工职业能力的同时，应间接地加快员工实现职业目标的速度，只有这样的课程培训，才能使企业与员工变得契合紧密。

二、提高员工的接受能力

对员工进行培训的过程也是一个知识传授的过程，这个过程是双向的，即课程传输知识，员工接受知识，如果仅仅是课程单方面的输出，那么培训流程是无法正常进行的，所以把企业课程培训引入企业中也离不开员工的配合。企业培训课程大多有一个庞大的体系，员工接受培训的时间并不是短期的，很多企业的培训周期都比较长，这进一步说明课程培训是划分为多个阶段的，员工在掌握了第一阶段内容后，才可以开始第二阶段的培训，以此类推，直至员工能够完全掌握整个培训课程的内容。

以一个简单的学校课程的培训为例。在向学生讲授方程式相关知识的时候，教师一般先是让学生接受"X"与"Y"这两个常见的未知数概念，接着是一元一次方程的讲授，在学生接受这部分知识后，才会有后续的一元二次方程、二元一次方程等更加复杂的知识。在整个学习的过程中，学生的接受能力也会不断地加强，一开始接受一个新的知识点可能需要一周、两周，而后面可能只需要一天，甚至一节课便可以接受并理解一个新的知识点。

如同上述例子一样，企业员工的接受能力也需要一点一点地进行提升，假如有一名从事文案创作工作的员工，在对其展开培训时并不是一开始就要求对方撰写出一篇内容丰满、结构分明的稿件，而是先让其熟悉所涉及的领域，在员工掌握了撰写方向后，再依次开始内容及结构上的指导，待到细节知识都理解后，员工才具备撰写一篇合格文案的能力。再通过不断的尝试与改进，员工的文案质量会逐渐提高，撰写速度也会加快。在整个过程中，员工的接受能力伴随着课程培训的进度在不断地提高，这也是企业培训课程的作用之一。

三、激发员工的发散思维

企业开发培训课程是一个具有实际作用的举动，不是浮于表面的一种形式，所以在获得相应知识后，员工需要加以运用。在掌握到新的知识后，员工的视野会拓宽，开始认识与接触到之前不曾了解的事物，员工也清楚地知晓企业加强培训可以帮助自己提高效率、丰富学识，所以他们会更珍惜接受培训的机会，愿意花费精力去吸收知识。当员工把学习到的知识转化为自己的能力，就可以更加熟练地使用所学知识去高效工作，也容易构思出不同以往的工作处理方式，有机会为企业制定出新颖的方案。诗句"横看成岭侧成峰"所蕴含的道理是，所处角度不同，看到的景色或场景就不同。不同员工在接受企业培训后，可能会产生不同的见解，知识的积淀会激发员工的发散思维,很多个想法结合到一起,就有可能汇聚出更适合企业发展的策略。

四、培养员工的共享意识

在企业内部,员工之间既存在竞争关系,也存在合作关系,所以每一次课程培训过后,很多员工会面临着分享与不分享的问题。不同员工的理解能力不同,相同的知识内容,有人能够理解并熟记,也有人会理解不到位、记忆不扎实,所以对于学习能力偏差的人员,就不得不依靠其他员工的分享与帮助。因为存在竞争的关系,在很多情况下员工虽然不会拒绝他人的请教,也经常会选择漠视其他人的落后,但是通过长期的合作项目,知识与技巧的分享率会明显提高,而培训课程包含的知识正好为员工提供了可以分享的素材,也为其提高共享意识开拓了空间。

企业开发培训课程的目的是提高员工的能力,培养全面发展的优秀人才,人才的聚集可以为企业带来活力,这也是企业培训课程开发的意义与价值所在。员工能力得到提升,从主观上讲可以提高自身的认可度,从而实现薪资上涨、岗位晋升;从客观上讲企业愿意给员工提高待遇,证明员工已经作出了相对应的贡献,所以说提高员工的能力,对员工与企业来说是一件双赢的事情。提高员工能力最直接快速的方法就是开发培训课程,针对不同员工的需求制定并布置合适的内容,最终员工能力会呈现出明显的提升趋势,这不仅为员工提供了便利、为企业创造了收益,也肯定了企业培训课程的价值。

第二节 传承技能知识

企业培训课程具有时效性，可能当下发挥了作用，但在后续环节中就不具备相同程度的优势了。可这并不代表所有的培训内容都会失效，很多知识是具有长期作用的。企业开发培训课程的目的不仅仅是短暂地提高一批员工的能力，也是为了将一些真正有用的知识一直延续下去，成为一代又一代工作者的执行标准。当培训课程中的技能知识得到传承后，会不断地健全企业的人才培养机制，从业人员的能力得到普遍提高，同时也增加了企业的竞争优势。

一、传承的技能知识所包含的项目

多数企业完成培训课程的开发后，会将其制作成能长久保存的文档，这样做的目的是保证课程中价值深远的内容能够得到保存，以供后续培训使用。据我们日常可以掌握的信息，具有传承意义的技能知识主要有岗位能力要求、岗位职业规划等。

图 2-2　传承的技能知识所包含的项目

（一）岗位能力要求

在诸多大中型企业中，会设有规模较大的项目，需要大量的人员配合着来完成工作任务。在此期间，不同员工负责的工作内容会有所区别，这就要求身处不同岗位的员工需要具备不同的工作能力。在企业的运营与发展过程中，人员流动是一件很平常的事情，同一个岗位上，原有员工的离开预示着有新员工的加入，很多情况下企业需要对新员工进行新一轮的培养。随着时间的推移，相同岗位的工作内容可能会出现变化，但是主要内容一般不会出现大的变动，所以新员工接受的岗位培训内容与上一位员工接受的岗位培训内容通常区别不大。在这种情况下，企业的培训课程可以帮助新员工更快地投入工作。

（二）岗位职业规划

员工愿意花费时间、消耗精力来工作，一方面是为了获得薪资酬劳维持生活，另一方面也是为了提高自己的能力，从而实现自己的职业发展。一家企业不会有精力为每一位员工单独规划职业发展方向，为了精简方案制定流程及时间，一般会按照岗位来进行规划，所以会制定相应的培训课程。那么针对该岗位职业规划的内容，就可以被传承下来，以便在员工为自身规划职业发展时，可以学习相关内容进行自我提升。

二、传承技能知识的优势

企业培训课程在发挥传承技能知识的作用后，受益方包括企业和员工。但所开发的培训课程不是一成不变的，它需要随着企业的发展、员工的成长而不断完善。员工在参与培训后，会有自己的见解与经验，课程开发人员可以对员工的个人认知进行总结和记录。企业在加大培训力度后会有不同的发展趋向，课程开发人员可以实时观察具体培训内容对企业的影响，好的加以完善，坏的则及时摒弃。

（一）增强企业竞争实力

随着企业的不断发展，需要面对的竞争对手也会逐渐从区域到全国、从国内到国际，面对激烈的职场竞争，企业需要培养出更多优秀的人才。培训课程的开发就为企业提供了培训人才的校本，能够系统地培养出一批又一批的高技能专业人才。另外，企业培训课程的内容一方面针对员工，另一方面也会涉及企业的营销产品，所以也可以提高企业开发产品、运营效率的能力。

企业培训课程，顾名思义就是需要发挥出"培训"的作用，进而培养出高能力、高水平、高素质的人才，为企业增加竞争优势。如果不同企业的营销产品相似，使标的服务客体或消费群体重合，那么相互之间的竞争不管多么激烈，都会存在制约性，一般导致的结果就是工作共同停滞，甚至很有可能会让其他竞争者捷足先登。在这种情况下，人力资源便是取胜的关键。科技的发展、信息的流通，使得社会处于以科技、经济、信息等资源为依托的时代，能够合理利用这些资源的人力成本就成为企业增加竞争优势的重要组成部分。企业的竞争虽然也需要自然资源的注入、经济财力的输入、普通劳动力的加入，但是更多依靠高技能的人力资本。企业培训课程是培养、壮大人力资本的主要途径，企业员工在参与培训的过程中，最需要提高的方面通常包括创新能力、工作能力、共享意识、自我监督及自我激励能力等，一套合理且可行的企业培训课程体系对企业充实人才资本是十分有益的。

（二）提高实际工作质量

工作质量是指与质量相关的各项工作，比如对工业企业而言，就是企业的管理工作、技术工作对提高产品质量、提高服务质量和提高企业经济效益的保证程度。工作质量需要企业内部各个部门、各个岗位、全体员工的共同成就，直接影响着企业的产品质量及服务质量。无论是部门工作质量，还是岗位工作质量，都离不开领导人员的引领、管理人员的组织以及执行人员的工作，归根结底是需要员工的共同努力，即依靠企业内部的人力资源实力。企业培训课程能够帮助员工实现职业能力、职业素质的提升，间接地助力企业工作质量的提高。企业培训课程能够全面提高不同岗位员工的各项能力。针对领导人员，培训课程可以提高思考与设计能力，降低试错成本；针对管理人员，培训课程可以提高其管理与安排意识，完善企业的管理体系；针对执行人员，培训课程可以提高专业能力及素养，提高工作效率。由此可见，注重提高员工能力、培养员工意识、丰富员工知识的培训课程，能够起到帮助企业提高工作质量的作用，进而逐渐实现步步为营、节节提升的目的。

企业培训课程在开发时，会考虑到企业的发展趋势，也会融入员工的职业规划，这两方面的内容都具有一定的延续性，并不是简单地满足当下的需要，同样也为之后的发展奠定了基础。培训课程的延续性就代表它能够在较长的一段时间内，可以在企业内部起到培训与促进的作用，所以课程内容所包含的技能与知识完全可以被传承。企业的结构、岗位，甚至是开发产品都有可能发生改变，但是课程开发人员通常会考虑并预测到这些改变，并为其留有对应的弹性空间，那么课程主要针对的技能和知识的很大一部分可以长久使用，并能够为企业带来实质性的益处。

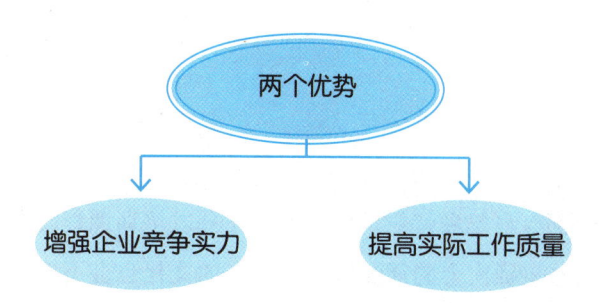

图 2-3　传承技能知识的优势

第三节　宣扬企业文化

每个企业都有自己独特的风格，所以在开发培训课程时会融入企业自己的文化，随着培训内容的逐渐输出，企业的文化也会不断地深入人心，成为企业员工日常工作的一部分。企业文化主要包括企业哲学、价值观念、企业精神和企业道德，这些内容在培训课程中均可以得到体现。总的来说，企业培训课程在培养员工能力的同时，也能够宣传企业哲学、展示价值观念、发展企业精神和突出企业道德。

宣扬企业文化
- 宣传企业哲学
- 展示价值观念
- 发展企业精神
- 突出企业道德

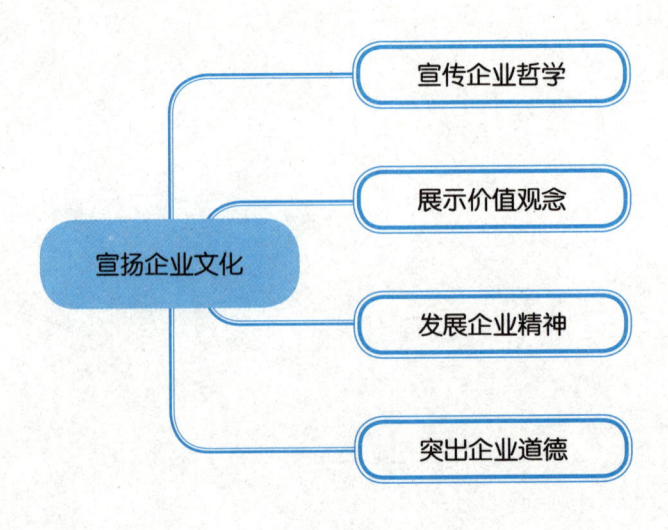

图 2-4　培训课程融入企业文化

一、宣传企业哲学

企业哲学是指在激烈的市场竞争下，企业会面临着诸多的考验与困难，这时候就需要有一套科学合理的方案来指导企业发展，这种方案需要具有一定的逻辑性及可行性。针对企业的指导方案，培训课程一定会将其纳入内容之中，因为指导性文件是企业发展的"风向标"，企业员工需要学习了解相关的内容，以更好地适应企业发展与岗位需要，在后续的工作过程中才能够稳扎稳打、踏实进步。

二、展示价值观念

所谓价值观念，就是对在利益驱使下产生的行为及表现的一个评价，观念是一个阶段性的内容，需要通过一段时间的总结与适应才可以形成，价值观念也不例外。企业的价值观念是企业内部员工共同形成的观念，企业培训课程在投入的同时，一方面在培养人才，另一方面也可以展示出企业的价值观念。课程是对员工的培养，是一个需要时间的过程，而随着时间的叠加，可以逐渐从员工的认知与表现中了解到利于企业发展的价值观念，在改善课程内容时就可以将之融入，从而能够潜移默化地让企业员工接受并采用。

三、发展企业精神

企业精神是企业文化的核心，企业文化在发挥作用的过程中，企业精神起到引导与支配的作用。企业精神需要有价值观念的支撑，它能够明显地影响企业及员工的发展。企业精神需要通过全体员工的实际行动体现出来，它一定是真实的，具有参考性的，它是企业哲学与价值观念的外在表现。

企业根据自身的定位风格、计划的发展指向，对员工经过精心的培养而逐渐形成具有一定特殊性的精神面貌，这就是企业精神。企业精神需要培养，实施培养行动就需要开发企业培训课程，所以说企业培训课程对企业、对员工都很重要。

四、突出企业道德

比起前面提到的企业哲学、价值观念和企业精神，人们对于企业道德的了解更加宽泛，这并不是说道德是随意的，而是对于道德的认知，每个人的想法是不相同的。企业道德是对员工行为的一种约束与规范，道德没有精确的标准，但是存在明确的底线。员工在争取利益的同时，不能超出道德的底线，不然会影响整个企业的内部运营环境。企业培训课程不仅能够培养员工职业能力，也会约束员工的行为，为企业创造价值，也需要有个人利益的激励，但是这里的个人利益是凭借智慧与劳动换取的，并不是在损害企业或者他人利益下获得的，这些要求在课程中通常会清楚地提出来，目的就是突出企业道德。

企业开发课程的目的比较多元化，从多个角度出发，但最终目的都是能够有所成就，为企业创造盈利与进步空间，为员工提供更多的就业与发展机会。企业培训课程开发的意义之一就在于可以向员工宣扬企业文化。根据就职时间长短，员工可以分为资深员工和新员工，不过很多资深员工并不一定了解企业的真正文化，在培训后可以将自己了解到的文化融入工作，将企业利益与个人需求相结合，以更加饱满的状态完成工作；新员工能够为企业注入新鲜的血液，为了帮助其适应企业氛围，在培养职业能力的同时也要向其宣传企业文化，加深新员工对企业的黏性，做到培养人才并留住人才。

第三章

课程开发的标准

有太多的企业选择开发培训课程来促进其运营与发展,但是只经过短期准备就能够取得良好效益的情况却很少出现,这就说明课程开发并不是一件简单的事情,整个过程讲究"学问",针对开发过程中遇到的问题,我们要有针对性地采取解决办法,并树立课程开发的标准意识。

第一节　课程开发过程中常见的问题

很多企业在发展过程中，都会慢慢发现内部的诸多问题，包括企业本身的问题，也包括员工的问题。为了加以改善，企业通常选择通过开发培训课程提高员工的能力，进而改进企业的经营。但对开发课程很容易产生一个错误的认知，有不少企业觉得只要开发整理出课程，就一定可以改善各项问题，所以通常选择引入其他企业的现成课程。其实这样做并不妥帖，因为只有适合自己企业的课程内容才能够发挥预想的作用。鞋子合不合适，只有试过才知道，所以主观的认知不可取，企业需要从内部实际情况出发，针对存在的问题设置适合的培训内容，这就要求我们在课程开发过程中注意规避以下问题。

一、课程培训效率不高

企业开发课程的目的是促进发展，企业的发展需要员工的助力与付出，所以培训课程需要将双方都考虑到位，不能单一地以企业为中心。企业向员工讲授知识，员工接受课程的培训，这本来就是一个双向的过程，必须要考虑到员工的个人需求及接受能力，并且需要不定时地检测员工的学习情况，如果在员工还没掌握上一阶段的知识时便开始讲授下一阶段的内容，容易出现囫囵吞枣的情况，导致企业花费了培训的成本，员工能力却并未有所提升。在诸多企业的培训过程中，最常见的导致出现培训效率不高的原因是培训缺乏互动和员工缺乏动力。

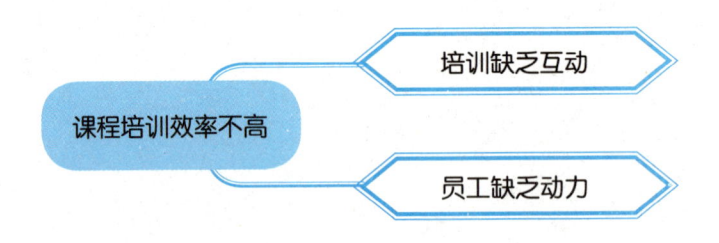

图 3-1　课程培训效率不高的因素

（一）培训缺乏互动

企业利用课程内容培养员工的环节与教师向学生授课有大致相同的道理，适当合理的互动能够提高传授的吸引力与培训效率。就我们容易理解的校园课堂而言，教师在课堂上只用心地讲授知识，却不关心学生的听课状态，肯定会有部分懒散的学生消极面对课程，如果教师在授课的同时，适时地通过鼓励学生自主提问、举手提问等方法吸引其注意力，那么便可以有效提高课堂效率。企业的课程培训同样需要互动，比如可以组织参与培训的员工成立小组，就当堂讲授的知识进行讨论，从而可以达到员工彼此之间相互讲解、相互帮助的效果。

某公司开发了《基于专员能力模型进行"通关"》系列课程，在课程内容中强调了要做到课前、课中、课后全面互动，从而提高培训效率、激发员工积极性。具体的互动形式如下：

课前互动：在第一期课程开始前，企业创建了内部培训群，让每一位参与培训的员工分别做自我介绍，内容包括个人信息、擅长领域和自我期望。在后面的每一期课程开始前，都会有负责培训的人员发布群通知，及时提醒员工上课，保证所有员工齐头并进、不落一人。

课中互动：在每次培训过程中，会对上期的知识进行巩固。本次讲授的课程内容，会在课程结束之前留有自由提问、讨论的时间，在帮助员工加深知识了解与记忆的同时促进彼此之间的交流与沟通。

课后互动：在每一期课程培训结束后，企业会在群聊中发布本期学习的知识点，以便于员工复习和运用。还会公布实时的培训成绩名单，随时激发员工的学习积极性，促进培训效率的提高。

企业培训课程中的互动环节应该在课程内容中进行强调，这可谓课程培训的"点睛之笔"。课前的互动可以起到提醒的作用，课中的互动可以起到强化的作用，课后的互动可以起到激励的作用。总的来说，在课程培训的全过程中，每个环节的互动都必不可少。没有互动的培训课程，就只有空洞的理论知识传授，员工可能当时记住了，但是记忆不深，导致培训效率不高，无法达到企业开发培训课程所预期的效果。

（二）员工缺乏动力

从课程培训效率的角度出发，如果说互动是重点，那么员工就是核心。如果员工缺乏学习的动力，再完善的课程也起不到培养人才的作用。再好的汽油在倒进油箱的时候，如果不打开盖子也无法灌入，就更不要说让发动机开始工作了。培训课程的输入对员工来说是被动的，要想达到主动的效果，就需要员工自愿去接受，所以企业应该注重对员工学习动力的激发。促进员工提高学习动力的首要条件是明白员工缺乏动力的原因在哪里，是外界因素还是内在因素，如果员工受外力影响而降低了学习效率，企业可以为员工提供适当的帮助，帮其克服、解决困难；如果员工是因为自身原因而不愿意花费时间和精力去学习，企业可以适当地引导。当然我们不能否认，一定存在一部分人属于"油盐不进"的一类，当面对这样的员工时，企业就需要做到取舍，适当的放弃对员工及企业都是有利的。避免给员工施加对方无法承受的压力，也能够加快企业的培训速度。

二、课程讲授目标模糊

企业在开发培训课程之前需要明确两个非常关键的问题：讲什么和讲给谁。讲什么，就是培训课程侧重的内容是什么，通过课程培养可以使接受培训的人员成长到什么程度；而讲给谁，就是培训课程的内容是基于哪个个体、哪个群体而设置的。不能明确讲授内容，就会出现员工不满意、培训效果不佳的情况，比如要向一个人讲述知识，如果自己都不清楚想要表达什么内容，那对方就更难理解了。课程内容不需要太过华丽，做到清晰有目标就符合培训课程的标准。不能确定培训目标，就会出现培训内容空泛、能力培训不到位的情况。当制定了自以为很完整的课程体系后，讲授时却不知道讲给谁，这更是一个很大的失误，容易导致企业花费大量时间做好培训前期工作，却呈现不出来预想的效果。

某企业开发了关于全省店长普训的课程，这门课程的重点是为了提升员工的实操基础能力。在课程开发前期，该公司明确了三点内容：考什么、怎么考和学什么。大致涉及的内容如下：

考什么：搭建实操试题，输出内容为实操试题；

怎么考：设计实操考核方案，输出内容为实操考核方案和评委、讲师选择要求；

学什么：开发培训课件，输出内容为培训课件和预习材料。

在这个过程中，企业通过"考什么"环节对员工的基础能力进行摸底，清楚了解到员工的能力提升需要哪些条件，可以根据掌握的信息与数据设置适合员工发展的培训内容，合理规范员工的成长区间。通过"学什么"环节向员工发布课程开始前的预习信息，让员工充分了解自己接下来要学习的内容，并为自己确立学习目标及计划。

从上述案例中可以看出，企业培训课程开发的意义在于实用性。为了保证课程质量，企业需要明确课程讲授的目标，根据员工的能力确定培训的课程内容，也要清晰地向员工传达讲述的培训内容。只有培训过程有条理，才能保障课程培训有效率。

通过开发课程来加强对员工培训的企业比比皆是，但是其中也会有一些失败的例子，在诸多失败案例中总结规律，我们会发现这些企业的共同点在于课程缺乏定位。有些企业既想要内部员工尽可能地均衡发展，旨在实现群体能力的提升，却又不愿意付出相应的成本，简单地认为只要开发一门课程就可以解决所有人的需求。企业如果想要用培训解决所有的问题，就很容易造成"什么问题都无法解决"的后果。没有任何一种方法可以一步到位，企业的发展、运营与进步都是漫长的过程，需要不断的沉淀。企业想要通过开发培训课程来改变现状确实是一个不错的选择，但是过分地看轻培训课程开发的难度却是一个很大的错误。

就职于同一家企业的员工，其承担的岗位工作任务会有所区别，这就是岗位多元性。在对员工进行培训时，不能采取相同的措施或是设计相同的内容，而是要有区别地选定课程内容，使每一个岗位上的员工都能依据岗位需要实现能力提升，从而促进企业的快速发展。除此之外，参与课程培训的人员基础能力有高有低，那么课程内容的难易程度及授课速度也应该随之调整。规模越大的企业将培训课程作为提升手段后，就越需要精细划分员工群体，根据不同层次员工的能力水平设置相应的培训内容，帮助每一位员工都获得提升。不要求每一位员工能力达到同一水平，只有员工之间存在水平差异，企业内部才有机会出现良性竞争，也就能够从侧面促进员工提高自身的工作积极性。

三、课程内容略显乏味

课程内容需要结合企业现状设置，很多时候引入现有的课程内容固然会节省不少时间及成本投入，但是如果引入的内容不符合企业现状，反而会适得其反，导致之前的努力与投入都变成一场空。课程内容出现乏味情况的原因主要有两个，其一是不清楚"我有什么"，其二是不了解"学员需要什么"。在很多内训师的职业生涯中，他所负责的课程开发可能会不计其数，所以会习惯性地将以往积累到的材料、内容都盲目地拼接到一起。只关注自己手里有什么，不在乎企业内部需要什么，这样就容易开发出华而不实的培训课程。从表面上看，课程内容丰富，涵盖了方方面面，然而在进入实际的培训环节后，会发现课程中的很多内容并不适用于现有水平的企业发展。一味地润色课程内容，不考虑员工的需求，就会出现课程内容引入后，员工接受了课程培训，但是无法将所学知识运用到具体工作中的情况，从而导致培训内容与工作任务不匹配，也就预示着课程开发的目的未能达成。

某公司开发了农村店长赋能（销渠开发）课程，该项课程分为两个细化项目，分别为"高效会议及复盘"和"增兵攻略"。

"高效会议及复盘"课程强调了为什么"要"开会和如何开"好"会。为什么"要"开会需要思考开发课程的需求是什么，如何开"好"会则需要明确课程内容的适配性。

"增兵攻略"课程涵盖的内容有"选对人——找寻合适兵力"和"说对

话——吸纳优秀人才"。选对人是指根据课程内容选取参与培训的人员，在课程内容确定后，可以知道具体是哪些员工需要接受相应的培训；说对话是指根据员工需要设定课程培训内容，不同员工的提升需求不同，可以针对不同的需求设置相应的内容。

试想，一个企业不把自身实情与员工需求考虑在内，开发出来的课程将大概率缺乏可行性。开发课程的目的是起到实质性的培训作用，不是制定出方案当作花瓶一样闲置在一旁。无论课程开发人员手里有多少材料或是经验，引入适配的内容才是明智之举，盲目地拼凑只会罗列出虚无的内容，没有办法起到培养员工、促进员工成长的作用。所谓"盲目地拼凑"，是指缺乏课程目标作为主要导向，从而使素材选择没有逻辑框架，这就导致因为不清楚课程内容究竟针对哪些人员，培训究竟是为了达到什么样的目标，缺乏对课程培训目标学员的分析，而导致开发出来的课程产品不匹配企业员工的学习需求。

四、课程产品脱离实际

课程产品应该满足可以被复制与推广的标准，往往负责开发课程的人员并不是最终讲授课程的讲师，所以这就要求课程产品必须能够落地实施，培训的目标与思路都需要在课程内容中明确体现。一门课程被开发出来后，它通常可以长期使用，在一批人接受培训后还会有下一批人同样适配于课程内容，所以企业的培训课程要经得起时间的考验、人员的传递。当负责培训的讲师拿到课程内容后，首要工作是熟悉内容，只有详细掌握课程内容后才可以更好地讲述，如果连培训人员都无法了解培训的意义，那就说明培训课程并没有落到实处。

很多时候，内训师在开发课程时内心有很多想法，但经过一系列的思考与汇总后，课程中的内容却并不全面。因为他们认为中间的流程与思路不需要放进课程中，在讲授过程中自己融入即可，所以在设计课程内容时，要么写过程不写结果，要么记录结果不记录过程，这就使得课程讲授人员在拿到培训内容后有种"不明所以"的感觉。

某公司的农村政企业务拓展培训——店长专项赋能课程分为导入篇、应会篇和应知篇三部分。导入篇的内容是从国家政策、长期发展、农村信息化要求、电信助力四方面看农村拓展政企业务的发展前景；应会篇的内容是掌握政企客户商机获取及管理的技巧，拓展政务行业、卫健行业、农业农村行业、商客市场、校园市场的场景化营销；应知篇的内容是从政企项目支撑架构、政企项目支撑工具两方面介绍政企项目支撑保障体系。三个部分的课程内容涵盖了多方面的知识，同时在内容输出上该企业的课程也做得非常精细，具体的讲授细节如下：

1. 素材收集：依据框架内容、分工进行课程素材案例收集；
2. 集中说课：课程内容讲解，讲师提出建议与开发要求；
3. 优化研讨：收集讲师建议与意见进行研讨优化。

该企业不仅对学员的需求展开了仔细的分析，还针对了解到的需求设定了相应的内容，不仅如此，在课程内容中也详细地描述了课程的讲授细节，过程与结果都清晰地体现在课程内容之中，为负责课程讲授的人员提供了便利，也为学员减轻了预习课程的难度。

轻开发在一定程度上就是有选择性地讲述课程产品开发的相关内容，作为一种产品，其生产目的就是使用，如果课程产品被设计与开发出来后，却不能拿来使用，那就无法发挥出其作为产品的作用。从技能层面来讲，负责开发课程的内训师在设计出企业所需要的培训课程后，并不是自己能够了解与讲解就可以了，而是需要让其他讲述者看到之后能够知道课程表述的内容是什么，如果课程讲述者看不懂课程内容，就不能将课程内容完整地传授给学员。

很多内训师为了加深学员对培训内容的了解，会插入很多案例加以辅助，但是引入的案例经常有结果无过程，或者有过程无结果，这也导致讲授者无法清晰地了解课程内容。不能完全理解课程内容的讲授者，在开始进行培训工作后通常会出现两种不好的情况，一种是掺杂自己的理解进行讲述，导致与课程内容出现偏差；另一种是简化课程内容，学员学习到的课程内容是经过"偷工减料"而来的，那么培训结果当然不理想。当然，也有理想的情况出现，那就是讲授者的理解方向与内训师的思想一致，但是这种情况出现的概率是很低的。所以说，空泛的课程内容很难实现有实效的培训。

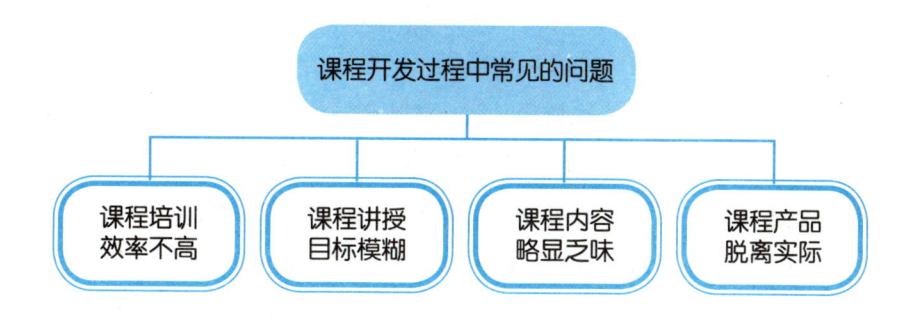

图 3-2　课程开发常见问题

课程开发不仅是一个设计的过程，也是一个不断试错的过程，在此期间，负责课程开发的工作人员会遇到诸多问题，这些问题可能是企业或员工本来就有的，也可能是课程开发过程中陆续出现的，无论是哪种情况，都需要采取有效措施加以解决。

第二节　课程开发的三大标准

课程开发的目的是满足企业和员工的需求，促进企业扩大规模、加快发展，所以应该基于企业的现状来设定内容，做到有依据、有目标，开发出课程并不是最终目的，开发出"好的"课程才是。

课程的开发需要有一个合格的规程，一般应用于校园内的课程必须包括三个部分：教案、课件和测试试题。这是衡量一门校本课程是否合格的标准，同样，企业既然要使用培训课程，就必须按照标准开发。

企业开发的能够发挥出实际作用的课程都是"有系统""有干货""有设计"的。首先是"有系统"，既然称之为课程，就应该像我们认知里的普通课程一样，需要具有引入、过程及结果的一个完整的流程；其次是"有干货"，内容是课程的主要部分，实质性的内容更是精华，企业开发的课程不仅需要强调"做什么"，还要详细地指出"怎么做"；最后是"有设计"，无论有多少想法与创新，都需要有层次、有条理地安排到培训内容里。除了设计内容以外，与处于智力成长阶段的学生相比，身处职场的成年人更有自己的想法，所以企业培训课程也要把学员参与部分的形式和内容设计到课程中。

| 1 课程开发要"有系统" | 2 课程开发要"有干货" | 3 课程开发要"有设计" |

图 3-3 课程开发的三大标准

一、课程开发要"有系统"

"有系统"要求企业的培训课程具有一个全面完整的体系与程序。培训课程与汇报材料及工作部署有所区别，汇报材料是对结果的汇总及报告，对于整个过程可以简要带过；工作部署则主要是部署工作的流程，对结果一般可以不用重点强调。与这两者相比，培训课程需要更加全面，它是将汇报材料的结果与工作部署的过程结合在一起。从视角来解释，汇报材料多数情况是下级呈报给上级的一个汇总报告，工作部署是上级给下级的工作要求，培训课程则是站在受训者的角度思考对方的需求，属于一个平级视角。下级向上级汇报工作时，很清楚对方想要看到的是什么，作为企业的管理人员、领导人员，比起过程更关注结果，所以员工汇报工作会大篇幅地介绍结果，但培训课程不是拿来展示能力与成果的，是用来培训员工的，这就要求课程内容既呈现结果，也要详尽地注明过程。上级在向下级下达工作要求时通常不会预期到实际的结果，更加注重实际工作的延展性，所以会在工作过程与内容上重点突出。与之相比，培训课程计划好培训流程后，也会将设想的结果——对应地注释出来。总的来说，比起汇报材料和工作部署，开发培训课程更加烦琐。要做到"有系统"，就需要准确地把控每一个细节。

（一）确定观点和原理

开发企业培训课程要做到有理有据，有明确的观点和方向才能制定出清晰的课程培训计划。培训课程的内容里一定要有观点和原理，也就是要有理论依据和目标需求。比如撰写一篇论文，最前面的章节一定会写出论文研究方向的相关理论，确定基本的培养方向之后，就应该把运用到的原理与观点讲出来。课程培训固然要注重培训内容，但是也不能忽略基础知识的重要性，要想员工可以更高效率地吸收课程培训内容，就需要帮助其打好基础，所以应该注重对基础知识与原生理论的讲解。不是说企业要培训就可以直接展开一系列实践活动，一切培训活动及内容都是基于培训观点而产生的，没有基本的观点，开发出来的课程会没有着力点，从而缺乏针对性，导致培训无法达到企业预期。在课程开发的过程中，确定观点和原理是关键环节，是课程内容设定、培训活动开展等诸多后续工作的基础，能够起到"风向标"的作用。

（二）把握关键与重点

被用来培训员工能力的课程一定要有吸睛之处，也就是课程的亮点要明显，要把握住关键和重点。一门课程如果可以在第一时间吸引到学员的注意力，后续的培训效率会随之提高。在针对不同员工进行区别性培训时，涉及的内容可能很广泛，但是一定要有核心，可以围绕培训的核心提炼关键词，帮助员工直观地了解课程的目标。通常情况下，课程中会包括很多内容，比如有理论、案例等，丰富的内容使课程更有趣，但也增加了理解难度。为了使受训者更好地吸收知识，课程内容中应该突出重点，让培训方向更加明了清晰。如果一门课程有全面的培训内容，却没有突出重点，其实是缺乏针对性的。很多培训人员会采用一些突出重点的讲授方法，目的就是向员工展示培训课程的关键点。

（三）搭建框架与结构

一门可行性比较强的课程，必须具备逻辑合理和层次分明两个要素。培训课程是一个完整的培养体系，它并不是起辅助作用，而是具有主导和引领的功能，为学员提供清晰的成长思路。在整体的课程中，所有的内容都会有一定的关联性，常见的结构有递进式和并列式，递进式一般是由简入繁的过程，从基础知识逐渐递进至深度知识；并列式则是难度相似、方向不同的设计课程内容，旨在促进员工多方面的进步与发展。

案例1：某企业开发营销实战和运营管理方面的优质课程，包括《"双微会战"之运营管理》和《"双微会战"之营销实战》，两门课程的内容目录如下：

《"双微会战"之运营管理》包括："双微会战"背景思路、"双微会战"管理攻略、"双微会战"支撑体系。

《"双微会战"之营销实战》包括：为什么要做"双微"、"双微"是什么、"双微"营销怎么做。

案例2：依据实地调研结果，深圳某公司借助课程开发工作坊，进行《从刀耕火种到精准化营销》《客户经营精准突破术》两门课程的研发，两门课程的内容目录如下：

《从刀耕火种到精准化营销》包括：价值篇——客户经营是王道、武器篇——数据赋能有武器、场景篇——场景破解更聚集、推动篇——数字转型靠大家。

《客户经营精准突破术》包括：闻——精准营销、识——精准营销、用——精准营销。

案例1中的课程属于递进式，先交代背景并引导学员掌握攻略、了解体系，再说明原因、解释概念，最后指明操作流程。

案例2中的课程则属于并列式，从不同的角度反映不同的内容，培养学员多方面发展。无论采用何种形式排列课程内容，都需要格外关注结构和框架，越清晰的课程结构，越有利于讲授者讲授和受训者学习。

（四）收集和运用素材

培训课程的含金量取决于内容的可行性。很多人会认为培训就是将道理讲出来，让学员了解培训内容即可，其实并不是这样，企业之所以选择培训员工，是为了让其更好地完成自己的工作，这就要求受训的员工不仅要明白道理，更重要的是能将自己所理解的内容运用到工作中。

一些企业之所以能够开发出与企业适配度很高的课程，是因为内训师讲道理的同时融入了丰富多样的素材和与时俱进的案例。如果单列出一些富有哲理或者教育意义的知识点进行讲授，学员理解起来会有些困难，但是如果能将这些道理转化为学员认知体系内的案例就能够提高其理解度。假如课程通篇都是大道理，那它就不是一门有系统的培训课程，仅仅是一个多条道理组合而成的产物，这种概括性很强的组合物更像是学习笔记和复习总结，并不适合用来培训企业员工。

那开发培训课程是为了什么呢？任何企业都希望自己的员工可以不断进步，比起让员工自行成长，很多企业更想要"搭一把手"，这就是开发培训课程的目的。系统性较强的课程首先需要指出培训的目标是什么，并规划出该如何进行培训，这些内容都应该具有丰富的层次，而收集相关的素材可以丰富课程内容，也能够加快学员的理解速度，从而提高培训效率。

（五）分配和安排时间

在了解到企业员工能力提升需求后，内训师可以有根据地制定课程内容、完成对培训课程的开发，当然，开发出优质的课程并不是最终目的，将课程内容转化为员工的职业能力才是。把培训课程提上日程后，培训时间的安排更是一个急需思考的问题。一方面，人的记忆存在周期性，应该按照记忆规律去合理安排培训内容；另一方面，岗位工作具有差别性，在保证完成正常工作任务的情况下才能够更加专注地汲取知识。所以，企业培训课程要制定一个详细的时间表。合理地安排培训时间，可以为学员提供规划工作任务的便利，避免出现部分员工培训与工作产生冲突而影响培训效果的情况。同时，通过计划培训时间，可以大致预测出培训结束的时间，也能够为下一阶段的培训课程提前做准备。

（六）设计和制作课件

既然企业引入课程培训这一方式，就要遵循传统课程的规则。课程内容的讲授需要教具、课件的辅助，这些东西不能是虚设的，必须要切实应用到实际的讲授过程中，专业精良的教具与课件会促进课程培训的顺利实施。一方面就课件的作用而言，通常可以采用PPT和讲述相结合的方式传授培训内容，讲授者可以把自己要讲的内容总结归纳到课件中，这样学员就能边看边听，便于理解和记忆。此外，课件的带入能够提高课程培训的容错率，可能有的学员理解能力较弱，不能第一时间明白所讲知识点，这时候就可以根据课件内容发挥发散性思维的作用，也可以在课程结束后根据课件笔记请教他人。另一方面就教具的作用而言，培训课程一定有重点和关键，讲授者则可以借助教具来突出重点，帮助学员找到自己的理解切入口，为其更好地掌握知识提供帮助。

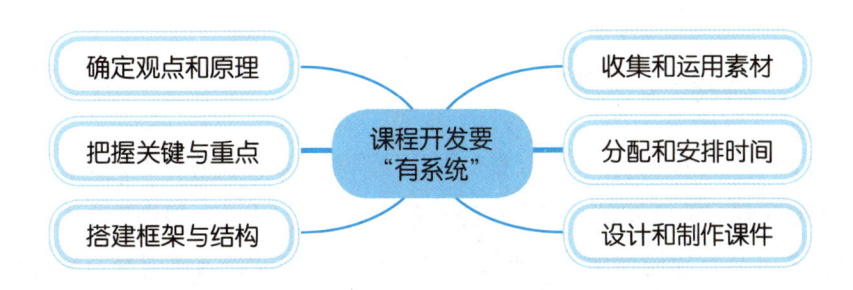

图 3-4　课程开发要"有系统"

二、课程开发要"有干货"

从讲师的角度来看，课程培训内容是知识的积累，但是对于学员来说，参与培训是为了获得进步与成长，有能力提升需求的学员在乎自己能够学习到什么，有问题需要解决的学员在乎自己能否学习到具体的解决方法。开发培训课程的核心研究对象是学员，应该围绕着学员需求设置课程内容，知识不是越多越好，符合学员需要才是关键，学习再多的知识却没有发挥空间也同样于事无补，所以课程设置的内容要具有实用性。发现问题是开发培训课程的原因，解决问题则是培训课程存在的意义。课程内容要指出问题所在，说明"为什么做"；之后的重点就是针对发现的问题制定策略，明确"怎么做"。总的来说，具备实用的知识、具体的内容才是一门合格的课程，才能够真正提高学员的能力。

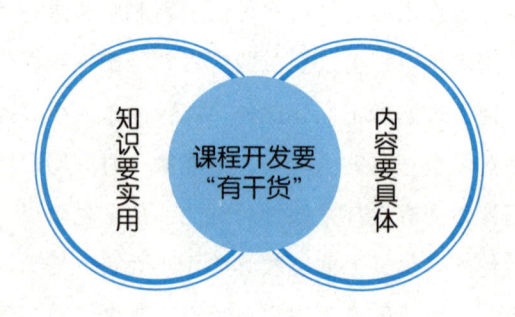

图 3-5 课程开发要"有干货"

（一）知识要实用

企业开展培训活动，员工参与课程培训，都有各自的目的。企业为了培养员工能力、激发员工潜力，员工为了促进个人成长、提高工作效率，这些都是具有导向性的。所谓课程培训导向，可以分为实用导向和目标导向。

1. 实用导向

"读书是学习，使用也是学习，而且是更重要的学习"，从这句话中可以明白学习固然重要，但能够学以致用更加重要。因此，在工作中的学习不仅是为了学习，更因为学习可以满足提升能力的需求。在开发课程之初通常会调研授课对象的需求。调研是为了明确课程的实用导向，比如教一名歌手绘画，在培训结束后，我们不能否认授课对象有所收获，但是对学员的个人发展并没有太大的帮助，这就是不注重实用导向的后果。

2. 目标导向

企业培训课程相比于我们平时所熟知的校本课程而言，它更注重培养目标，即要培养出什么样的员工、怎么做才能达到培养目标。校本课程的受训者是学生，本着丰富见识的想法，课程内容的范围更为广阔，但是企业培训课程的受训者是步入职场的成年人，他们的需求是解决工作中遇到的问题，他们的目标是通过课程培训能够帮助自身提高与岗位相适应的能力。因此，课程内容就应更有针对性。

（二）内容要具体

我们说企业培训课程要"有干货"，这里的"干货"就是指具体的内容。课程以实体形态存在，内容就必须是具体的，不能泛泛而谈。在整个实施过程中，每个细节都应该把控住。实用的培训课程具有一个完整的流程和体系，会在指出问题的基础上提出针对性的策略，可以参考以下案例。

某公司进行核心厅店课程开发，其开发成果包括有《"双微"齐发——打造数字化核心厅店》培训课件及讲师手册、《存量经营之提值篇》培训课件及讲师手册、《服务创新@厅店》培训课件及讲师手册和《营业受理指引》培训课件及讲师手册，每个课件及手册的目录内容如下：

《"双微"齐发——打造数字化核心厅店》：为什么要做"双微"、"双微"营销怎么做；

《存量经营之提值篇》：什么是存量经营、为什么做存量经营、怎么做存量经营；

《服务创新@厅店》：服务创新解析、服务创新类型、服务创新步骤、服务创新研讨；

《营业受理指引》：营业受理指引之查询类、营业受理指引之受理类、易错难点解析。

可以从上述案例中了解到，前两个培训课程的内容是按照"为什么做"到"怎么做"的细节来处理的，在清晰的培训内容的引导下，受训者可以有条理地学习课程内容，更快速地理解知识并运用到工作实际中，以提高自身的工作效率。

三、课程开发要"有设计"

作为培训课程的开发人员，需要根据企业与员工的共同需求设定内容。但只将所需内容设计到课程中还远远不够，为了保证培训流程顺利进行，无论是基本的课程内容，还是不断变化的学员，都需要成为课程内容设计的因素。通过引入课程来培养员工能力，不可能在一个长的时间段内一次性结束，因此需要分成不同的节点，分阶段地设计培训内容。课程讲授者的任务是讲解知识、分析问题，课程受训者是理解知识的不同个体，受课程体系影响，讲授者的想法会比较一致，但是受训者却可以对接触到的知识发表不同的见解，而学员的参与则使得培训过程更具有特色。

（一）设计培训内容

简短的培训内容一般无须专门设计到课程中，通过平时的工作通知、会议提出即可传递给员工。这样看来，能够被开发出来的课程一般包含较多的内容，受训者在接受培训时无法一次性消化。在开展课程培训时，讲授者通常会将内容按节点划分，分阶段地讲授课程知识，所涉及的知识量范围上限要根据员工的接受能力而定。对于汲取知识，每个人都会有倦怠期，所以太长时间或太短时间都不利于提高学习效率，而低效率的学习等同于浪费成本。

（二）设计学员参与

参与课程培训的学员是企业培训活动的主体，为了提高培训作用与效率可以从学员的角度出发，在课程内容中将学员参与部分进行专门设计，进而在培训过程中推动进程。增强员工的参与感，就需要在使用讲授法基础上融入教学设计，比如采用讨论法、练习法等，员工在接触到培训内容后可以当堂理解、运用，因为只使用讲授法的培训效果是不佳的。

培训课程分为线下和线上两种形式。如果是线上培训，讲授者可以选择提问法，在讲授的过程中通过提问学员来了解对方的掌握程度；如果是线下培训，可以选择的教学方法就会更加多样，当然，教学设计的难度也随之增加。线下进行的培训课程可以选择的教学方法主要有提问法、讨论法和练习法。所谓提问法，即针对线下的培训活动，讲授者可以面对面地对学员进行提问。而讨论法则是讲授者让学员分组讨论，大家各抒己见，在讨论中理解并获得知识。最后一个是练习法，可以在课程实施过程中模拟工作现场，将学习到的知识以练习的形式运用到实际工作中，加深学员的理解程度。

综上所述，课程开发所包括的"有系统""有干货""有设计"，这三个标准缺一不可。培训课程的系统性可以指明讲授者的授课思路和受训者的学习节奏；真材实料的课程内容可以为学员提供很大的提升空间；富有设计感的课程体系可以丰富培训过程，激发学员的学习积极性。

一门"好"课的开发，需要考虑到企业、讲授者和学员三个主体的需要，系统化的课程内容涵盖了企业的目标导向，便于讲授者规划清晰的授课流程，利于学员条理清晰地吸收培训内容。接受课程培训后，员工可以真切地感受到自己的成长，这是检验一门课程是否有实际内容的标准，课程涵盖的内容需要具有实际可操作性及实用价值。凡事都讲究一个节奏，合理的教学设计可以帮助讲授者把握培训节奏，让员工在学习知识的同时转化为技能。学员参与培训不是短暂地应对，而是能够长期地促进工作任务的正常开展。

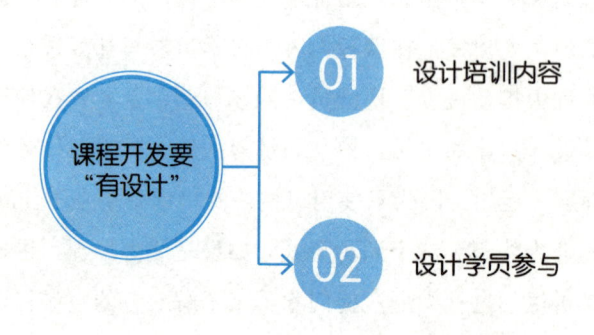

图 3-6 课程开发要"有设计"

第四章

确定课程开发目标

  内训师针对企业现状开发课程会采用适合的课程开发模型，如今国内外优质的课程开发模型比比皆是，企业开发课程可选择的项目众多，不能追求复杂，而应该探索适合自己的。无论是模型的选择，还是流程的确定，都是为了确定符合实际的开发目标，旨在选定"风向标"。

第一节 课程开发模型

企业培训课程开发的意义在于预期员工发展的基础上设置出有针对性的措施,这是一个将隐性知识显性化的过程。与员工自行摸索相比较,课程培训的效率更加明显。开发培训课程需要选取课程开发模型,课程开发模型是对期望或者经验的一个汇总描述,要注重理论与实践相结合,是目标、流程、概念等多重内容的标准样式。现如今,经常采用的课程开发模型主要有ADDIE模型、SAM模型、ISD模型、HPT模型、CBET模型、霍尔模型、纳德勒模型和项目化课程开发模型,不同模型有各自的特点。

课程开发模型
- ADDIE 模型
- SAM 模型
- ISD 模型
- HPT 模型
- CBET 模型
- 霍尔模型
- 纳德勒模型
- 项目化课程开发模型

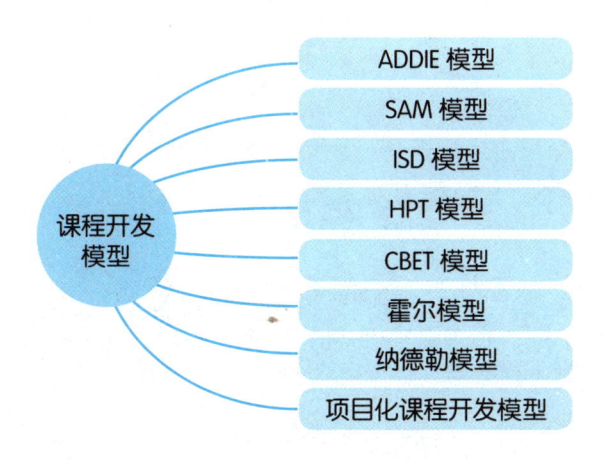

图 4-1 课程开发模型种类

一、ADDIE 模型

ADDIE 模型是企业培训课程开发领域中较为常用的一个理论模型，是由 Analysis（分析）、Design（设计）、Development（发展）、Implementation（实施）、Evaluation（评估）五个单词的首字母叠加而成。分析是指对培训期望达到的目标、课程受训者的能力需求、企业理想的进步程度等一系列因素进行分析；设计是指设计完整合理的教学活动；开发是指在确定课程框架及目标后对内容进行填充；实施是指课程内容经过开发后落实到具体的培训活动中；评估是指对课程培训结果和学员学习成果进行验收评价。

（一）ADDIE 模型的应用步骤

根据 ADDIE 模型设计开发出的课程主要涵盖了三方面内容：要培训什么、怎样去培训和如何评估培训效果。从 ADDIE 模型的全称可以直观地看出具体的步骤大致分为五个阶段，分别为分析阶段、设计阶段、发展阶段、实施阶段和评价阶段。

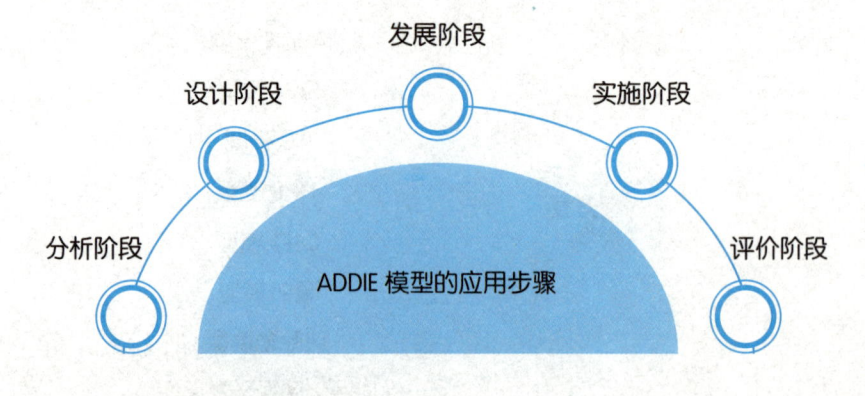

图 4-2 ADDIE 模型的应用步骤

1. 分析阶段

ADDIE 课程开发模型分析阶段的主要任务就是分析实际需求，根据需求确定内容、引入案例、设置措施，从培训过程涉及的对象需求出发，需要分析企业的发展需求、员工能力的提升需求、市场环境的运营需求等。从课程本身内容考量，则需要进行培训目标分析、培训内容分析等。

2. 设计阶段

设计阶段是培训课程开发的重点所在，包括所开发的课程怎样被合理地设计出来、怎样输出、怎样培训等重点内容。第一，要设计课程的培训内容，包括课程框架纲要、问题解决措施等；第二，要设计细节信息，比如案例的融入、图表的形式等；第三，要设计学员参与，组织学员在培训过程中及时表达想法，不仅要在学习后获得成长，也要在学习中不断吸收。

3. 发展阶段

发展阶段是课程开发前期工作的一个收尾环节，通过分析和设计，培训课程基本已经成型，这时候就需要进行详细化处理。一方面要完善课程内容，另一方面需要为后期的培训与评估打好基础。本阶段可以分为两个部分，一部分是完成培训教材的选定工作，另一部分是通过一定程度上的尝试找到课程培训的欠缺之处并加以完善和改正。

4. 实施阶段

实施阶段是整个培训活动的重中之重，本环节中的主要组成部分是讲授者和受训者。讲授者负责讲述课程培训内容，受训者会接收到培训内容，所以不仅要关注讲授者的传授是否到位，也需要掌握受训者的知识吸收程度。只有两者兼备，才能够保证培训课程设计活动的正常实施。

5. 评价阶段

评价阶段主要评价课程实施后的效果，可以从课程培训效果和学员满意度两个方面进行评估。第一，要评估培训效果，具有实施意义的课程能够清晰地展现出培训效果，可以表现为企业绩效的提升或员工收获的增加；

第二，还可以根据学员满意度来评估课程质量，主要包括学员对培训内容的认可及对培训教材的肯定。

（二）ADDIE 模型的应用要点

应用 ADDIE 模型开发课程需要知道分析、设计、开发、实施和评估这些流程是模型的一部分，但不是该模型独有的，所以需要明确其他开发模型与本模型的关系。就后面章节将要介绍的 ISD 模型而言，它担任着 ADDIE 模型衍生基础的角色。另外一个需要关注的要点是培训活动中的评估环节，很多情况下会理所当然地认为评价具有总结性，一定是在课程结束后开展，而实际上评估是融合在整个培训过程中的。企业开发的培训课程不能保证完全适配，需要在培训的同时逐渐发现问题并加以改正，这一操作就是对评估而展开的。对企业培训课程的评价可以分为形成性评价和总结性评价。形成性评价是指在培训过程中不间断、不定时地评估，目的是发现课程存在的问题；总结性评价是指在课程培训活动结束后的进行汇总式评估，目的是检验课程培训效率。

二、SAM 模型

SAM 模型全称为连续近似模型（Successive Approximation Model），它是由其他多个模型共同派生的产物，该模型更多研究与针对学习者，关注其参与度及学习动机等。SAM 模型选择将评估放在课程实施之前，对整体的培训过程有了更清晰明了的把握的同时，也引入了"团队开发"的理念，以团队共同的想法作为课程内容的参考依据，因此更能够满足学员的需求。SAM 模型将课程开发分为三个阶段：准备阶段、重复设计阶段和重复开发阶段。

图 4-3　SAM 模型的应用步骤

（一）准备阶段

课程开发准备阶段的任务是确定课程目标，因为 SAM 模型强调团队开发，所以需要团队成员通过头脑风暴的方式，不断拓展自己对课程相关培训方向的思考，经过不同个体之间的思想碰撞，课程培训的整体认知和观点不断更新，最终才能够确定下来授课重点和授课内容的要点，达到明确课程培训目标的目的。

（二）重复设计阶段

重复的意义不在于重复开发活动，而是不断对内容进行设计、评估、修改和完善。团队成员通过研讨交流的方式，对课程内容会有更加精细的把握与理解，培训课程内容在汇总出来后不一定一成不变。相反，不断地变动与更新会在很大程度上有利于开发出高质量的课程。参与课程开发的团队成员可以通过共同探讨、分享见解等一系列的活动对课程内容不断进行推敲与更正，最终确定合理的培训内容。

（三）重复开发阶段

类似于重复设计阶段，重复开发阶段也强调反复钻研。团队成员通过相互交流，会陆续确定培训内容以及实现课程内容所需的软件、教学资源、时间和空间等，基本上已经完成了课程的开发工作。在确定主体课程开发完毕后，内训师可以通过演练、评估、完善等一系列活动，在课程实施前制定出符合企业、岗位和个人需求的培训内容。

三、ISD 模型

ISD 模型全称为教学系统设计模型（Instructional System Design Model），是一种以理论为基础，关注问题与需求的课程开发模型。该模型以分析各项需求为重点，其过程要素主要包括培训需求分析、培训内容分析、培训对象分析、培训课程目标叙述、培训策略制定、培训媒体选择和培训课程设计评价。

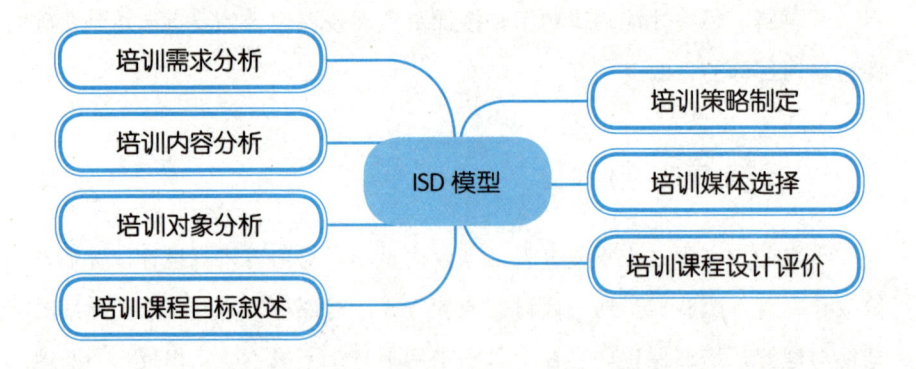

图 4-4　ISD 模型的应用步骤

（一）培训需求分析

培训需求分析是对学员现有水平与期望达到水平之间的阈值进行分析，根据这个差距制定相应的培训内容。决定培训需求的因素有学员的知识或者技能提升需求、学员期望发展的方向和学员所从事岗位对其能力水平的需求。

1. 培训需求分析的方法

从企业内部需求出发，可以采用内部分析法，将企业内部发展或者岗位工作需要与现有员工的能力进行对比，从而了解实际的培训需求；从社会市场环境出发，可以通过外部分析法对同层级岗位进行对比，估算其他企业相应岗位与自身现有岗位之间的差距，从而设定培训需求；也可以将两种方法结合到一起，根据市场外部环境需要确定目标，再按照企业内部实际情况加以改善，最终确定培训需求。

2. 培训需求分析的作用

第一，进行培训需求分析是课程开发的起点，明确了"为什么要培训"，才能指明课程开发的目的；第二，能够了解真正的需求，发现问题才能解决问题，分析出培训目标与现有水平的实际差距；第三，确定了符合实际的目标和经过认真调研而设定的培训内容，因此更具有可行性，实施效果较好；第四，通过分析培训需求更能厘清学习的目的，我们的最终目的不是确定目标，而是实现目标。

（二）培训内容分析

分析培训内容是一个"大工程"，也是一项必行之举，这一步骤的作用十分广泛，可以为后续的课程开发工作奠定基础。第一，解决了"培训什么"和"怎么培训"两个问题，为培训目标的确立和培训策略的确定提供了充足的依据；第二，明确了受训者的原有能力，课程开发人员针对学员的基础能力规划培训内容，进而提高课程开发效率；第三，分析是为了更清晰地掌握内容，可以避免设计培训内容时出现漏项，也能够制定出完善完整的课程教材，为讲授者的课程实施降低难度、提供便利。

（三）培训对象分析

企业开发培训课程是为了培养员工能力，所以课程培训活动的研究主体主要是培训对象，对其进行分析是为了了解他们的个人特征、学习能力和原始基础等差别化情况，从而为课程内容的确定、教学方法的安排、授课进度的设置提供依据。

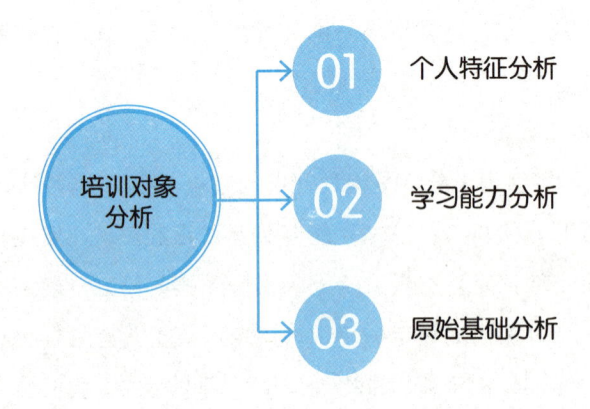

图 4-5　课程培训对象分析步骤

1. 个人特征分析

个人特征包括学员的性格、爱好、经历等，不同学员有其不同特征，通过详细的了解与分析，能够制定出符合多数人的培训内容及方式，课程培训效果会在学员的学习成果上加以体现，所以不能忽略个人特征的影响力。

2. 学习能力分析

不同学员擅长的领域不同，学习能力也不同。领域不同意味着课程内容不能过于单一，丰富多元的培训内容更能满足培训对象的需求；学习能力不同则代表课程开展需要考虑到大部分学员的能力，适合大众学习的节奏才可以促进培训高效化。

3. 原始基础分析

所有的培训对象不可能站在同一个起跑线上，不同学员的原始基础不同，对此展开的分析则可以分为预备技能分析和目标技能分析。预备技能分析是了解培训对象是否具备接受培训知识的能力，目标技能分析是了解培训对象是否已经掌握培训知识。

（四）培训课程目标叙述

课程目标是指培训课程对学员在认知、情感和技能等方面的培养上希望达到的程度，可以分为认知领域目标、情感领域目标和技能领域目标。

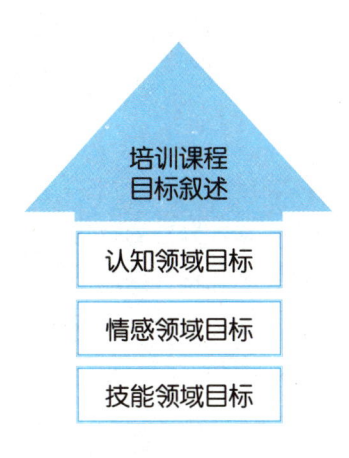

图 4-6　培训课程目标叙述

1. 认知领域目标

认知领域目标分为六个层次，分别为知识、理解、应用、分析、综合和评价。知识是指知识记忆，当学员学习到培训内容后，首要工作就是将知识进行记忆，要求其能做到熟知和牢记；理解是指理解知识，将学到的知识记住只是第一步，做到理解才算是吸收，最好能够将知识用自己所理解的言语表达出来；应用是最关键的一步，记住、理解知识就是为了加以运用，因此要求学员能够利用自己接受到的培训内容去解决工作中的问题；分析是指对知识有自己的见解，要求学员具体问题具体分析；综合是指能够对知识进行整合，通过学习，学员需要用知识创造新知识；评价要求学员有自己的评判标准，对事物的价值进行判断，要有分辨与分析的能力。

2. 情感领域目标

情感领域目标分为五个层次，分别为接受、反应、价值评价、价值观组织和价值体系个性化。接受是指学员愿意学习培训内容，有学习主动性；反应是指在培训活动中有配合行动，主动参与讨论和研究；价值评价是指具有自己的价值标准，可以对事情作出自己的判断；价值观组织是指学员在面对不同的价值观念时有自己的想法，不受矛盾观点的影响；价值体系个性化是指通过不断的磨合与成长，学员形成了一套具有长久影响力的价值体系。

3. 技能领域目标

技能领域目标分为三个层次，分别为模仿、操作和熟练。模仿是指能够按照要求与提示完成简单任务的执行；操作是指学员可以在掌握了培训内容后，自行完成一项任务的操作；熟练是指能将所学知识转化为自我知识和技能储备，从而能够完成一系列任务，并取得不错成绩。

（五）培训策略制定

培训策略是指为了保证培训目标完成而把控培训活动细节的总体考

虑，一般需要关注的细节有培训方法、培训内容、培训工具、培训活动流程等。从受训者的态度出发，培训策略可以分为生成性培训策略、替代性培训策略和指导性培训策略。

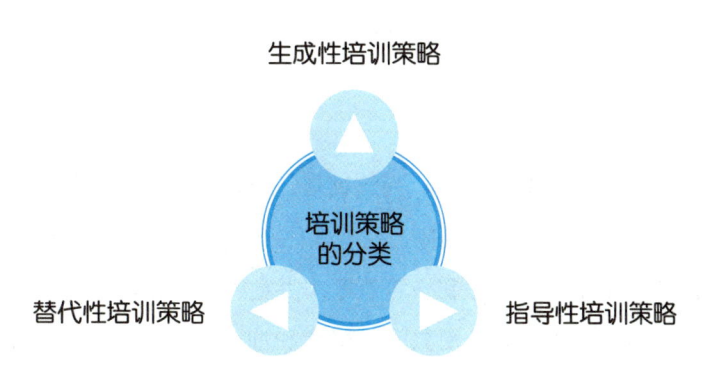

图 4-7 培训策略的分类

1. 生成性培训策略

受训学员自主地思考发展目标，根据自己的目标期许提供需求，内训师根据学员的需求确定培训内容，生成最终的课程内容。

2. 替代性培训策略

讲授者提出自己要讲授的内容，包括课程培训目标、课程培训内容、预期培训效果等，内训师根据课程讲授者提出的需求设计具体的课程内容，这里的替代是指讲授者对受训者的需求表达代替。

3. 指导性培训策略

在讲授者的指导下，受训者通过摸索确定个人需求，通常需要借助课程教材、培训材料、工作经验等，需要内训师综合地考虑课程讲授者和受训者的共同需求，最终制定出让双方都满意的课程培训内容。

（六）培训媒体选择

单一进行讲授活动不仅会增加讲授者的任务量，还不利于集中受训者的注意力。为了提高课程培训效率，可以选择引入媒体材料辅助课程进度，采用多维的培训媒体可以丰富培训活动的内容，也能够营造出富有活力的学习氛围。

1. 培训媒体的分类

目前的培训媒体多种多样，为培训活动提供了更多选择。常用的培训媒体主要有视觉媒体、听觉媒体、视听媒体和多媒体。视觉媒体较为直观，一般有图片、文字材料、投影、PPT等；听觉媒体一般有录音、唱片等；视听是视觉与听觉的结合，更具有记忆点和冲击性，一般有纪录片、有声视频等；随着科技的发展，多媒体逐渐走进人们的视野，企业课程可以选择利用多媒体交互系统、多媒体会议室来辅助培训。

2. 培训媒体的选择

体系化的课程蕴含了不同的知识点，每一个知识点都会有相应的目标，针对不同的培训目标，需要选择不同的媒体传递内容；整体的培训课程可以分割成不同的部分，不同部分的内容与性质有所区别，适合的媒体也就不同；参与培训活动的讲授者和受训者都有属于自己的行为习惯，选取的媒体也会有所差异。

（七）培训课程设计评价

培训课程设计评价是对培训活动整个流程的一个测评，提到"测评"，就要有测试和评价，对培训效果进行评价的准确性来源于实践。测试培训内容的质量，可以更加精准地作出评价。评价活动可以根据评价节点分为诊断性评价、形成性评价和总结性评价。

1. 诊断性评价

诊断性评价活动一般是在课程培训开展之前，需要对受训者的基础能力进行"摸底",掌握学员的知识基础、学习能力等实际数据,可以根据知识基础确定课程内容,根据学习能力规划课程时长和课程周期等。

2. 形成性评价

随着培训活动的进行,受训者的学习能力与知识水平等数据会出现变化,通过形成性评价可以清楚地了解相关数据变化,以便于讲授者能够实时调整自己的授课方案,使培训活动取得实效。

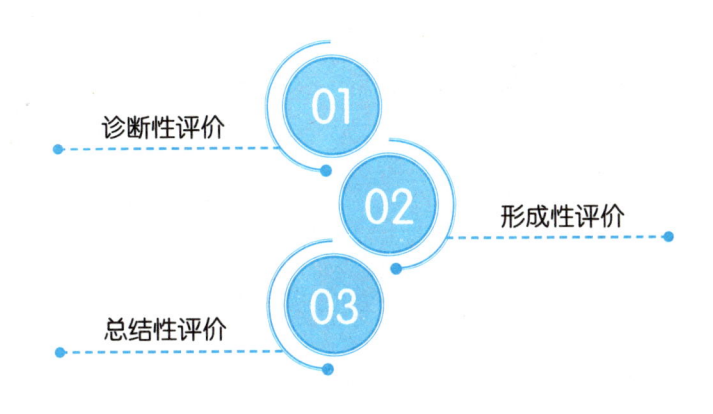

图 4-8 培训课程设计评价

3. 总结性评价

总结性评价一般发生在培训活动结束后,是对受训者最终能力及学习效果的综合性评价。从中可以了解到培训课程质量、讲授者的教学能力、受训者的学习态度,最终的评价属于整体范围的有效评定。

四、HPT 模型

HPT 模型全称为人员绩效技术模型(Human Performance Technology Model),它是在确定绩效差距后,进而采取相应措施去进行干预以促进员工达到预期绩效。该模型的观点认为企业绩效的提升需要通过缩短现有绩效与预期绩效之间的差距来实现，这种差距可以追溯到员工职业能力、工作环境等因素。HPT 模型分为五个步骤，分别为绩效差距分析、差距原因分析、干预选择分析、干预实施改善、干预效果评价。

```
                ┌─ 绩效差距分析
                ├─ 差距原因分析
     HPT 模型 ───┼─ 干预选择分析
                ├─ 干预实施改善
                └─ 干预效果评价
```

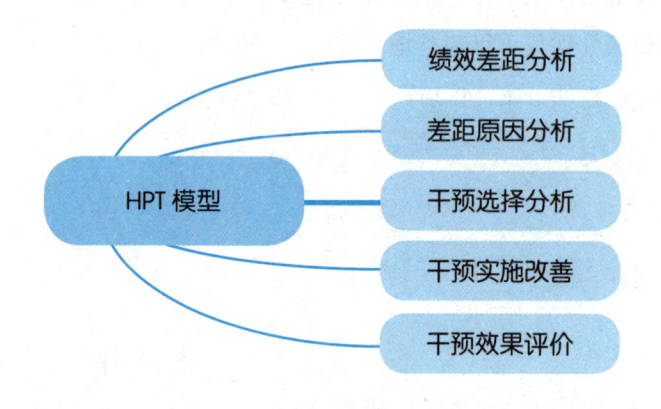

图 4-9　HPT 模型的应用步骤

（一）绩效差距分析

对企业员工现阶段的工作能力及所处工作环境进行分析，确定一个符合企业现阶段发展水平的绩效目标，并估测两者之间的差距。首先通过分析企业现有资源明确未来的发展方向与界限，也就是确定预期绩效目标；其次需要调研不同岗位从业人员的原始能力与绩效水平，掌握综合性的实际绩效指标；最后将预期绩效目标与实际绩效指标进行比对，确定两者之间的大致差距。

（二）差距原因分析

在确定差距数据后，需要分析差距出现的原因，可以从企业与员工两个主体的角度出发研究，而且企业所处市场环境及企业内部实力均是影响因素。很多行业的市场竞争激烈，核心竞争力下降对企业的打击力度不断变大。同时，预期绩效目标与企业实力不相符也会扩大差距；员工的能力与积极性也是影响因素之一，当预期绩效目标确定后，员工的绩效水平很大程度上决定了差距的大小，而员工的绩效由自身能力及工作积极性所决定。

（三）干预选择分析

找出问题出现的原因后就需要制定合理的措施。在了解了企业预期绩效指标与实际绩效之间呈现差距的原因后，就可以针对问题提出策略。干预选择分析是绩效提升的关键步骤，本环节确定的方案会用来缩短预期绩效目标与实际绩效之间的差距，能够从根本上解决绩效不理想的问题。

（四）干预实施改善

随着干预策略不断发挥作用，我们可以观察到不是每一个策略都有积极效果，所以需要不停地发现策略存在的不足之处并加以调整完善。具体策略中不合理的部分可以进行改进，而不合格的策略则可以摒弃。为了保证干预策略正常实施，负责相关工作的企业人员需要正确理解干预措施的作用，让员工能够接受改变。

（五）干预效果评价

引入干预措施后还需要重视后续的评价活动，可以选择进行形成性评价、总结性评价等多种方式，目的是提升课程的培训效果。

五、CBET 模型

CBET 模型全称为能力本位教育培训模型（Competency Based Education and Training Model），它是一种以能力培训为中心的方法，根据岗位工作需要培养从业人员相应的职业能力。CBET 模型在对岗位需求能力进行分析后确定培训内容、实施培训活动并进行效果评价，其应用流程分为八个步骤，依次为成立培训课程开发小组、调研培训任务、确定综合需求、分析综合需求、精准细节需求、开发培训课程、实施培训活动和进行培训效果评价。

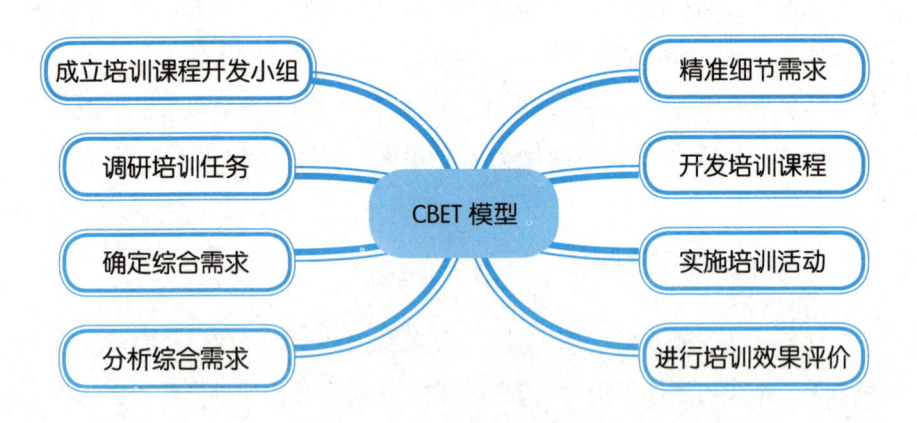

图 4-10 CBET 模型的应用步骤

（一）成立培训课程开发小组

企业首先需要确定待开发课程的类型，之后寻找具有丰富开发经验的人员成立一个小组，这些人员可以聚集在一起探讨培训内容，从而开发出高质量的培训课程。

（二）调研培训任务

根据发展需要对有必要提高工作效率的岗位进行调研，从事相关工作的员工是调研对象，目的是掌握各岗位人员分别需要具备哪些能力。

（三）确定综合需求

开发培训课程是为了综合地提高企业内部绩效，是尽可能全方位地进行整改，可以分析不同岗位人员所需具备的能力。

（四）分析综合需求

综合掌握企业内部岗位人员所需能力之后，就可以收集信息，并具体地分析单个岗位与全部岗位的关系，从而全面深入地了解企业需求。

（五）精准细节需求

综合能力分析是课程培训任务的汇总，总任务的完成源于多个单项任务的叠加与累积，所以只有精准地分析每个岗位的能力需求，才能一对一地制定出培训内容及策略。

（六）开发培训课程

在详细了解具体岗位的具体需求后，内训师就可以有所依据地制定培训内容，开发出符合企业实际发展情况的培训课程，促进员工能力及企业绩效的共同提升。

（七）实施培训活动

确定课程培训内容后，就可以根据课程内容实施一系列的培训活动，设计培训方法、规划培训流程是本环节的工作要点，培训活动的正常实施代表着后续的工作能顺利开展。

（八）进行培训效果评价

当培训活动结束后，负责成果验收的人员可以对受训者进行考核评估，以客观了解课程的培训效果。在此期间，可以根据考核人员的需求、受训人员的特征选择合适的方式开展评价事项。

六、霍尔模型

霍尔模型由美国著名成人教育家斯坦利·霍尔提出，是一个关于成人学习者接受培训的课程开发模型，其应用流程依次为确定可能培训的内容、决策培训活动、确定实际培训目标、合理设计培训课程、适应受训者风格、实施课程培训活动和测量评估培训结果。

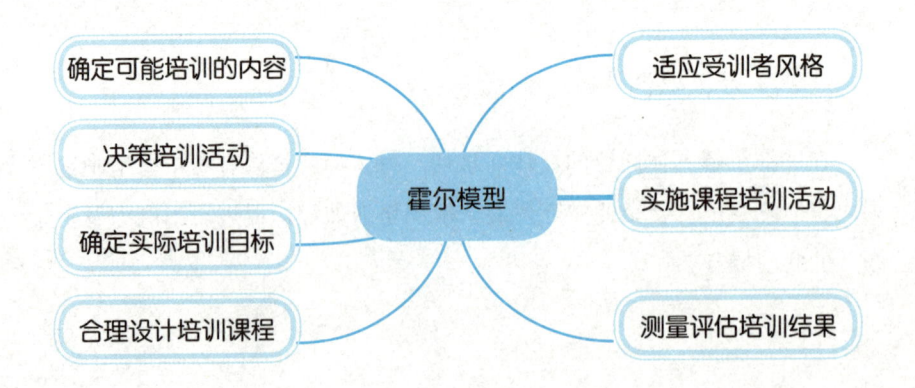

图 4-11　霍尔模型的应用步骤

（一）确定可能培训的内容

在课程开发的准备阶段，负责课程开发的人员对企业不同岗位的工作任务及岗位员工的能力进行调研与分析，确定可能需要培训的内容。

（二）决策培训活动

选取要培训的内容，根据课程受训者的学习动机、学习风格确定培训类型，开发出符合企业现状、员工需求的培训课程。

（三）确定实际培训目标

培训目标是课程的核心，确定培训目标需要较长的时间，不可能一下子就制定出合理的培训目标，可以尝试设立多个目标，经过综合对比与考量最终确定出最佳目标。

（四）合理设计培训课程

基于前面确定的培训内容、培训目标等因素，课程开发人员可以着手设计培训课程，综合看待讲授者的授课习惯、受训者的学习风格、企业岗位对应的工作内容等，设计出具有实际价值的培训课程。

（五）适应受训者风格

开发培训课程是为了培养学员的职业能力，课程培训内容的受众群体是受训者，所以课程内容需要符合受训者的喜好及风格。对于受训学员来说，越符合其风格的培训课程越容易被消化吸收，进而可以将学到的知识转化为自己的能力，逐步提高工作效率。

（六）实施课程培训活动

制定出让多数培训受训者满意的培训课程后，便可以运用到实际的培训活动中。被开发出来的培训课程是培训活动的有形媒介，将贯穿整个活动的始终。在此期间，课程讲授者需要和受训者进行充分沟通，对其学习需求及期望目标进行了解，以便合理地规划培训计划，实现培训活动的高效开展。

（七）测量评估培训结果

培训活动具有时效性，在规定的时间内顺利结束培训活动后，应该对整体的培训效果进行总结与评价，并根据最终评价提出相应的改进建议，帮助受训者更加准确地提高个人能力。

七、纳德勒模型

纳德勒模型是一种通过设计培训课程方案，促进企业人力资源开发，以提高个人绩效和企业整体效益的课程开发模型。应用纳德勒模型的大致流程为确定企业需求、确定工作效益、确定学习需求、确定培训目标、制定培训课程、选择培训策略、选择培训资源和实施培训活动。

（一）确定企业需求

提出开发培训课程的立体是企业，目的是促进企业发展。因此，培训课程首先需要考虑的是企业需求，了解企业想要通过培训课程来解决哪些问题，渴望在哪些方面实现提升是重中之重。

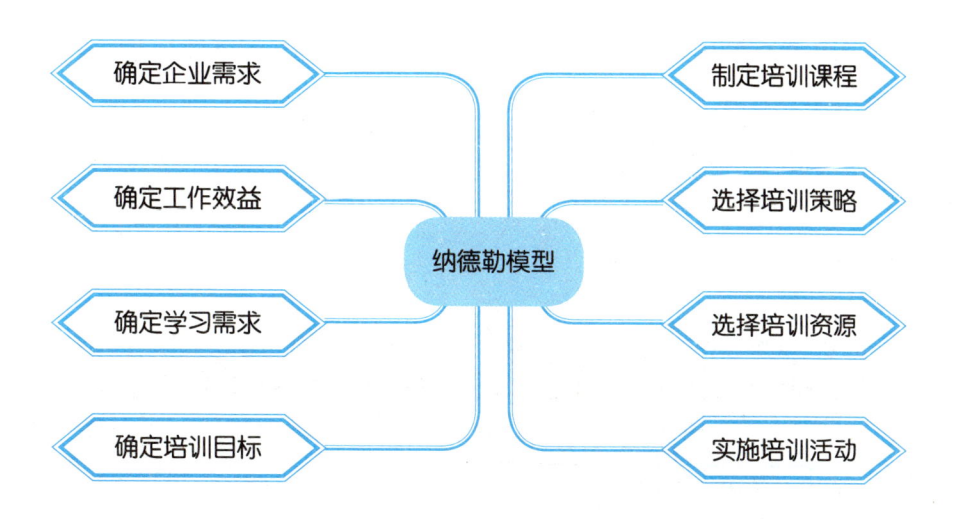

图 4-12 纳德勒模型的应用步骤

（二）确定工作效益

在培训前需明确想要实现的工作效益，可以通过调研、询问、查阅记录等多种方法进行了解，确定通过培训希望达到的工作效益，并设置与之相符的培训内容及方案。

（三）确定学习需求

培训课程将主要面向企业员工，掌握员工实现企业预期工作绩效需要具备的能力，将其与员工现有的工作水平进行比较，发现两者之间的差距，受训者表现出对缩短、消除这些差距的渴望就是其本身的学习需求。

（四）确定培训目标

结合企业与员工的共同需求，内训师能够初步确定培训目标，即通过培训最终可以取得的效果与成绩。这个目标具有一定的灵活性，可能需要不断调整、完善，以更加精细化。只有规划出准确的培训目标，才能为设计培训内容提供足够的依据。

（五）制定培训课程

确定培训目标后，可以围绕着培训目标制定培训内容，结合不同岗位效益提升的需求设计出与企业发展适配、符合学员需求的培训课程。

（六）选择培训策略

开发出培训课程后，需要思考该如何进行培训。可以选择合适的教学方法、规划合理的课程时长、采用合适的教学工具，这些培训策略能够保证培训活动可以顺利进行。

（七）选择培训资源

通过开发培训课程来提高员工能力，需要综合选择培训资源。培训资源包括应该有所提升的员工、具有教学能力的课程讲师、能够推动培训活动进行的教具设施等。

（八）实施培训活动

提前预想培训活动中可能出现的情况及问题，制定出相应的解决方案及策略，保证培训活动的顺利进行。另外，还要时刻关注讲授者的精神状态、受训者的学习态度，以便于随时调整培训进度。

八、项目化课程开发模型

项目化课程开发模型即将培训课程项目化，是以工作任务为参照核心，设置培训内容的教学模式，可以促使员工在完成工作任务后获得成长与进步。这种模式的流程分为明确职业能力、确定培养目标、设置培训内容、开发培训课程、实施培训活动和评价培训效果。

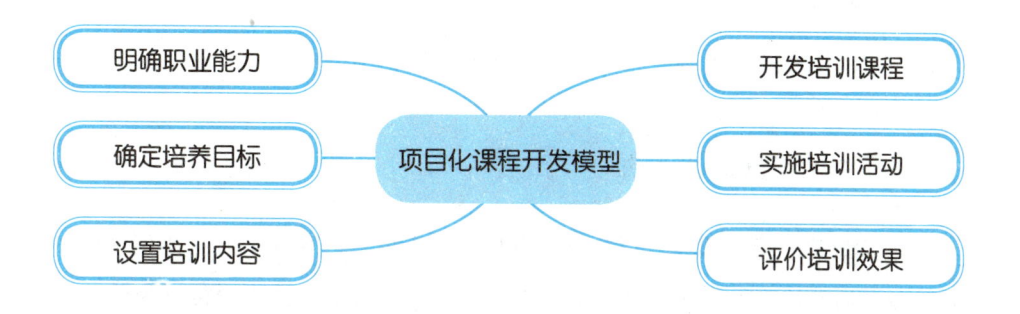

图 4-13 项目化课程开发模型的流程

（一）明确职业能力

根据特定的工作任务分析出参与者需要具备的职业能力需求，确定学员需要具备的职业能力，以此为核心进行后续的一系列活动。

（二）确定培养目标

明确学员需要具备的职业能力后，可以确定培养目标，为培训课程规定方向，需要开发的培训课程承担着增加某方面能力的责任，所以需要确定培养目标，明确培训任务。

（三）设置培训内容

根据已经了解的职业能力需求及培养目标任务，有针对性地设计培训课程聚焦的知识点，为培训课程设立准确的核心点。

（四）开发培训课程

根据已经确定的知识点，扩散性地开发培训课程，将培训内容进行排列。可以按照从简单到复杂的顺序，引导受训者学习并吸收知识。

（五）实施培训活动

已开发的培训课程可以为讲授者提供理论依据，在此基础上实施合理的培训活动，帮助受训者在一段时间内熟悉工作任务，并保证能够高效率完成。

（六）评价培训效果

评价培训效果是为检验培训课程的质量，采用合理的考核方式，多指标、多维度地评估学习成果，以检验课程培训的效果。

负责企业培训课程开发的人员能够选择的课程模型有很多种，可以单一选取某一种模型，也可以将多种模型融合到一起使用，各个模型之间具有一定的相通性，因此可以叠加使用。但这些模型并不是拿起来就可以使用的，内训师应该清晰地了解每一种模型的特点与优势，根据企业的实际情况选择与之相匹配的模型，这样才可以最大限度上保证最终开发出来的培训课程具有实用价值。

第二节 课程开发流程

随着企业规模的不断扩大，企业开展培训活动应该更加慎重，最好能够应用成体系的课程开发流程，以保证培训活动的顺利进行，并达成较满意的培训效果。应用不同的课程开发模型，可以形成与之相应的开发流程，结合 ADDIE 模型和 SAM 模型的理念与内容，我们将课程开发流程分为确定方向、规定框架、制定内容和选定工具四个步骤。

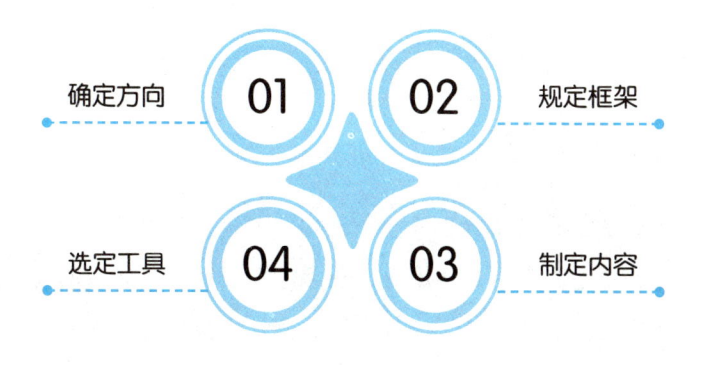

图 4-14 课程开发的流程

一、确定方向

确定培训课程方向是课程设计者开发培训课程的第一步,为了明确培训方向,需要进行前期的分析工作,进行需求分析是为了满足企业与员工的提升需求。从企业环境、员工能力等多方面进行调研与分析,确定两者需要提升的方面。确定培训课程的方向能够明确实际培训目标即课程目标,为学员提供发展方向及预期标准即分析授课对象,为后续规定课程框架打下基础即拟定课程主题。

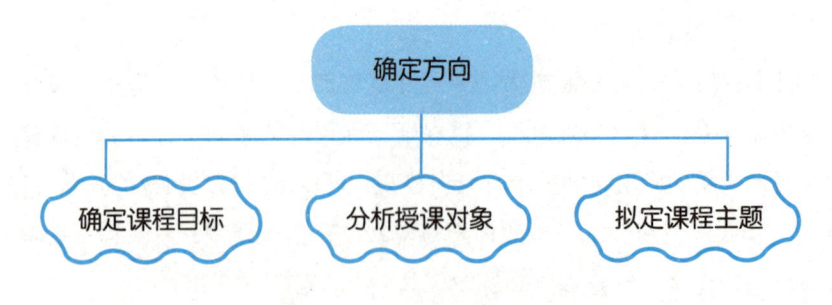

图 4-15 确定课程开发方向

(一)确定课程目标

不同内容的课程其目标也不同,比如,理论知识类的课程对应的目标一般有记忆、复述、理解、运用等;观念态度类的课程对应的课程目标为学员工作态度的转变、学员工作行为的改变、学员价值观念的改变等;技能类课程对应的课程目标包括模仿、应用等。有了课程目标,制定课程大纲时才会有核心,围绕着课程培训目标制定课程大纲可以保证培训内容与企业和员工需求的适配度更高。

（二）分析授课对象

课程包含的培训内容都是要输出给受训者的，因此应该从受训者的角度了解其实际需求。培训课程面向的群体不是一个人，加入培训活动的人员可能就职于不同岗位，来源于不同层级。综合分析每一位授课对象的需求，针对其个性化的需求，尽可能同步设置培训内容，保证企业内部需要提升能力的各岗位人员都能通过培训有所收获。

（三）拟定课程主题

课程培训方向可以在课程主题上清晰地反映出来，拟定课程主题就代表培训目标已经确定，任何一项培训活动都需要有一个明确的主题。讲授者获取培训内容的第一手资料后能够根据主题制定授课计划，受训者也可以在了解主题后提前做好学习准备，所以课程主题的拟定在整个培训环节中必不可少。

二、规定框架

培训课程的框架等同于教学大纲，开发一门培训课程不能兼顾所有相关的内容，只能尽可能地关注企业需求及员工需求，以员工为考量中心，对其所处工作环境、负责的工作内容进行分析，从而制定出相应的培训内容。课程框架是对培训课程内容、授课方法等诸多内容的初步设想，经过一次次的验收后会有所调整和改善。课程框架包括的内容一般有课程名称、课程目标、课程简介等内容，整体的课程开发可以参考这些内容进行填充，逐步实现培训方向的确定和培训内容的设置。

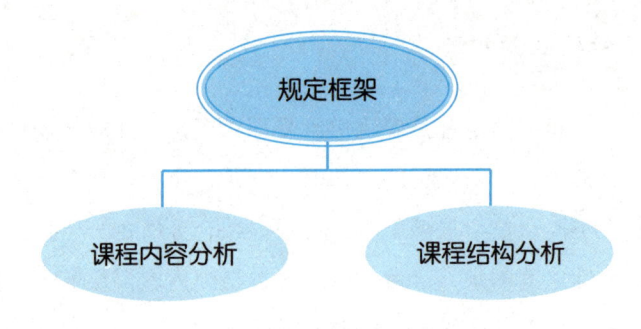

图 4-16　课程框架搭建

（一）课程内容分析

进行课程内容分析是为确定主要的培训方向。一门课程一定会有突出的培训需求，根据这些需求设置培训内容就是分析课程内容的作用。分析课程内容可以从工作任务方面考虑，首先要分析企业内部不同岗位需要具备的能力，其次根据分析处理的岗位职责确定培训任务，接着需要将不同的培训任务根据重要程度排出优先级，最后结合培训任务的优先级设置相应的培训内容及方案。

当然，也可以从关键因素进行课程内容分析，从内容剖析影响培训活动的诸多因素，包括积极因素和消极因素。制定适当的课程培训内容，使得积极因素的作用逐渐扩大，消极因素的影响范围不断缩小。还需要注意进行时间的分配，如培训总时长、单节课时长、课间休息时长等。

（二）课程结构分析

课程结构主要是指培训内容的呈现方式，常见的课程结构有并列式、总分式、对照式和递进式。并列式是指培训课程分为多个章节，这种方式的优先级并不明显，每一个章节的培训内容针对的方向不同，但是重要程度基本相同；总分式是一种先"总"后"分"的课程结构组织形式，即在课程前期综合讲授大范围的培训知识，之后会将整体的培训内容分割成多个细节，进行分割形式的培训；对照式是指通过列举不同观点的课程内容，帮助学员实现从认可观点到真正理解培训内容的期望；递进式通常会按照先简后繁的程序设置培训内容，随着培训活动的开展，受训者的理解能力逐渐提高，从而可以逐步学习并吸收更为复杂的培训内容。

三、制定内容

培训课程的内容是培训活动展开的有形依据，课程内容源于工作日常，并随着岗位工作任务的变化而变化。课程内容发挥作用的前提是符合设定准则，需要具有基础性、实际性和适配性。基础性要求课程培训内容是多数受训者可以接受的；实际性是指课程培训内容要符合实际，能够被运用和实施；适配性是指课程培训内容与对应的岗位相适配。

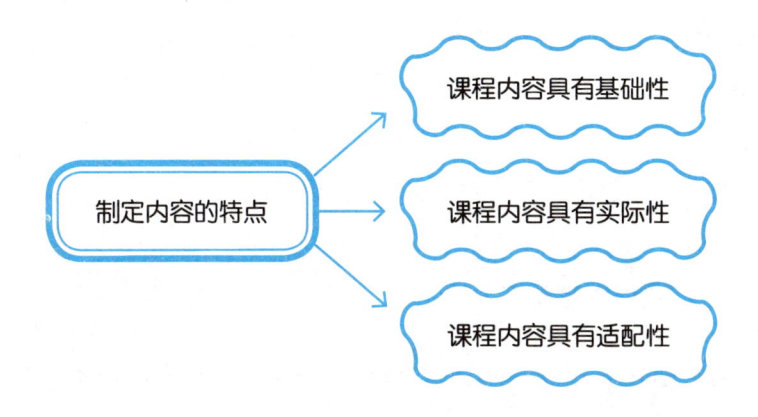

图 4-17 课程内容制定

（一）课程内容具有基础性

开发培训课程旨在提高企业员工的职业能力，在受训员工的能力基础上实现踏实稳定的提高，而不是飞跃式的。企业对员工绩效提高的渴望体现在对岗位业绩的需求上，通过对岗位能力的要求间接地为员工设置目标。在实施培训活动前，要掌握受训者的基础水平，设计培训内容的时候就要对此进行参考。以受训者的原始能力为基础，递进制定培训内容更利于对方接受吸收，比如受训者的原始能力值为1，课程内容的难度可以从2开始设置，这样就可以稳步展开培训活动并提高学员能力。

（二）课程内容具有实际性

制定课程内容需要设定最终目标，培训活动是否具有实施意义取决于课程目标是否符合实际。对于最初就知道无法完成的任务，没有必要花费精力去做无用功。设计培训内容应该尽可能地贴近企业实力，很多情况下确定培训内容会参考其他企业甚至行业，但是在选择参考对象的时候应该尽可能选择水平相当的成功案例，而不是好高骛远地参照实力过高的企业。假若培训前的业绩数据为10，在制定培训内容时目标可以是20、30，甚至是100，但是绝不能过于盲目自信地设定成1000或10000。有想法、有目标固然重要，但是认清自身能力更加重要。

（三）课程内容具有适配性

企业内部分工不同，不同岗位负责的工作事宜不同，如果进行相应的培训，需要培训的方向及内容也并不相同。针对不同岗位应该开展有区别的培训活动，而不是混乱地进行集体培训。负责产品推销的人员应该具备销售的能力，但并不需要关注其是否具备生产技能，因为这些人员的工作任务是将产品推销出去，那么对其进行培训时需要设定的内容就是关于推销技巧的，这就是培训内容与岗位的适配性。

四、选定工具

如果培训课程单调乏味，不仅对讲授者来说授课工作会很艰难，而且会使受训者学习起来很吃力，所以需要设计教学方法、配备授课工具来辅助培训活动的实施。不论是什么样的培训活动，都应该使用适合的教学方法和授课工具。讲授者选择适合的教学方法开展课程培训，能够把握培训节奏、带动活动氛围，推动培训活动的顺利进行；讲授者选取适合的工具辅助教学，能够激发受训者的学习积极性并突出培训重点、难点，使得培训内容更加清晰。此外，选择适合的教具，也可以吸引学员注意力，帮助他们专注地参与培训。

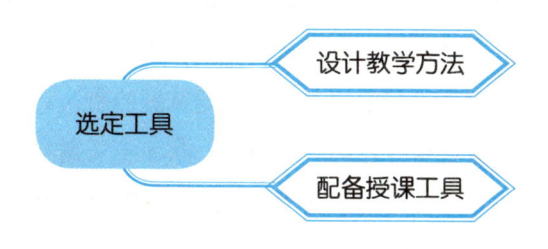

图 4-18 课程辅助项目

（一）设计教学方法

目前，经常被运用到企业培训课程中的教学方法主要有讲授法、探讨法、视听法、游戏法、角色扮演法和案例分析法。讲授法是一种需要讲授者单方面输出培训内容的教学方法，大多数培训课程都会运用这种方法；

探讨法是使用频率很高的一种互动式教学方法，需要参与培训活动的对象共同参与，包括讲授者和受训者；视听法是一种利用视听教材加深受训者对培训内容印象的方法，帮助其从多个感官接收知识；游戏法的实践性较强，要求参与者把学习到的知识运用到竞技类活动中，旨在提高受训者的实际应用能力；角色扮演法对情景构造的要求较高，将受训者带入不同的情景，使其直观地感受所学知识的操作意义；案例分析法的目的是透过故事看实际，一般由讲授者列举与所讲知识点相关的案例事件，通过具体环境具体分析来帮助受训者理解培训内容。

（二）配备授课工具

为了丰富培训活动的内容，内训师会设计使用授课工具，主要可以使用的授课工具有讲师手册、学员手册和测试题，这些与培训课程是配套的。讲师手册是讲授者的授课流程，虽然可以根据个人需要适当地调整，但是主方向是明确的。学员持有学员手册，可以利用手册在培训过程中紧跟授课节奏，还可以及时地进行复习及预习。测试题的引入具有双重作用，一方面可以帮助受训者检验自己的学习成果，从而不断调整学习状态；另一方面也可以帮助讲授者实时地掌握学员对知识的吸收程度，以便随时调整教学计划，最大限度地增强培训效果。

确定方向、规定框架、制定内容、选定工具四个环节构成了一个比较完整的课程开发流程，四者缺一不可。负责课程开发的人员必须严格地按照这一流程展开工作。确定方向奠定了培训课程的风格及类型，规定框架为培训课程的开发提供了支撑，制定内容是重要的丰富培训课程的环节，选定工具则是为了进一步促进培训课程发挥作用，辅助培训活动顺利进行。培训企业员工的职业能力需要开发出逻辑清晰的培训课程，而逻辑清晰的课程则需要一套完整、完善的流程来支持，因此，必须对课程开发流程加以关注并严格遵循。

第三节　课程开发目标

课程开发目标用来指引培训方向，是整个开发流程的重要环节，它主要表达对课程产出的预期与期望，也就是明确地指出通过培训希望得到什么样的效果。课程开发目标的作用在于明确企业培训的方向，运用系统的学习经验，确定培训内容的范围，规范教学方法的使用，它是培训活动评价的基础。

整个培训活动是围绕着课程开发目标而展开的，第一，它确定了企业对员工发展的期望方向，使得培训方向清晰化；第二，它给培训结束后的评价环节提供了一个对比的标准，可以说课程开发目标是培训课程制定的前提和培训活动开展的重要基石。在课程开发目标实施的整个过程中，需要注意目标确定的考虑因素和推导过程。

一、课程目标确定的考虑因素

课程目标确定作为培训课程开发的一个重要环节，它的精准性很大程度上决定了最终开发出来的课程质量。因此，在实施过程中要保证能够关注到每一处细节。课程开发人员要准确把握目标标准、授课对象及课程主题。其中目标的需求程度决定了课程是否具有实施的必要，而通过对授课对象的分析，则能够清晰地了解课程的培训方向，也就可以准确地确定课程目标。最后，培训课程确定的目标需要在课程主题中体现，最好能让讲授者和受训者看到课程主题后快速地领悟到培训目标。

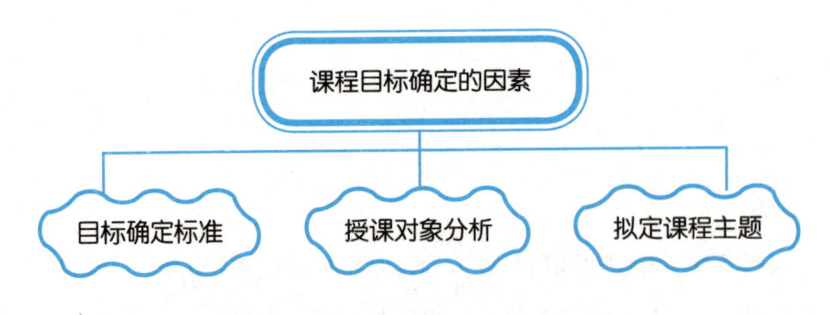

图 4-19 课程目标确定的因素

（一）目标确定标准

我们经常听到一些成功人士说："给我一个目标，还你一番成就。"从中可以看出，完成任何一项任务都需要有目标指引。没有培训目标，培训活动就无法顺利开展。在课程开发之初，内训师就需要确定课程培训目标，与此同时，要格外注意已确定目标的准确程度，避免出现目标宽泛空洞、好高骛远或目标多样繁杂、不便于培训等情况。

1. 目标不宜宽泛空洞

很多企业在确定培训目标时都会强调提高学员的工作能力，课程开发人员在设计内容时多选择直接输入，培训活动按照提高受训者职业能力的单一目标进行，缺乏多层次的考虑，导致很多受训者虽然投入精力与时间学习，却没有太大长进，也不能为企业创造出预期的价值。

目标确定标准
1. 目标不宜宽泛空洞
2. 目标不能好高骛远
3. 目标需要便于培训
4. 目标不可多样繁杂

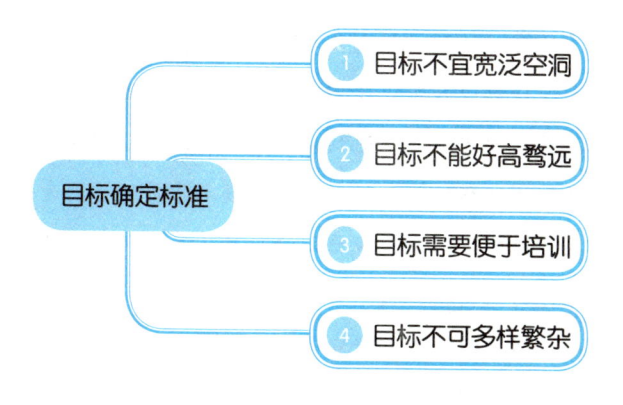

图 4-20 目标确定标准

某网络课程销售公司的业务有很多，包括预习课程的销售、主要课程的销售、复习课程的销售以及不同搭配的套系课程销售。为了提高企业整体的销售绩效，高层管理人员决定通过开发培训课程来提高员工的销售能力。于是，内训师在课程培训中重点指出要提高员工的销售能力，却没有具体表明在每一次培训中会提高哪些员工的能力，或提高其哪些方面的销售能力及业务能力。导致诸多员工在花费精力学习后却一无所获，根本不知道自己学习到的知识可以运用到哪些工作中去。结果很明显，这些培训无法达到预期的效果。

确定培训目标要做到"精准对象、精准目标"，对不同岗位的职业能力进行了解与分析，根据不同员工的需求尽可能地确定出相对全面的目标。太宽泛的课程目标实现起来具有难度，不仅增加讲授者的授课难度，也无益于受训者对所学知识的理解。

2. 目标不能好高骛远

所设置的培训目标不能太高，对于过高的培训目标，可以将其分割成多个细小的目标，完成各个小目标，逐步实现大目标。

某海报公司决定通过实施培训活动提高员工的多元表达能力，希望员工通过海报表达人物情感时既可以绘制人物，还可以通过空间表达、氛围烘托等形式展现更深层次内容。为了达到期望的培训效果，该企业设立了两个课程开发小组，两组的课程培训目标都是全面提高学员的情感表达能力。第一组直接将这个高目标确定为每阶段培训的目标，第二组则是分割成多个小目标进行培训。经过对比发现，由于第一组的单元培训目标过高，导致讲授者不知如何准备培训事宜，使受训者接受的培训内容杂乱无章；第二组则是以一个细小的目标作为单次培训的目标，培训计划实施起来更加快捷，学员的单次学习任务更容易完成。

课程目标的确定要考虑培训活动的时长、讲授者的教学水平和受训者的理解能力等因素，所以在确定培训目标时一定要结合实际，不能好高骛远，只有清晰可行的目标才具有实施价值。

3. 目标需要便于培训

课程培训活动更多的是提高员工的职业能力，也就是处理具体工作的实际能力，重点在于"具体"与"实际"，不具体的工作、不实际的能力很大程度上不能通过培训得到完善。员工的工作积极性不高情况在每一个企业内部都时有出现，为了防止这一问题影响企业的正常运营，就需要采取措施，所以有的企业选择了实施培训的方法。员工的工作积极性受主观能动性影响，我们不能否认职业能力不足会降低工作动力，但我们也无法保证员工活力一定会随着培训目标的提升而提高。

某企业管理人员小王发现最近几个月来，员工甲和员工乙的工作绩效一直不高，他认为是两位员工的职业能力不足导致无法高效率完成工作任务，所以决定对两位员工进行单独培训。经过一个星期的培训，这两位员工的绩效虽然有所提高，但是与之前相比并没有太大差别。基于这种情况，小王对两位员工进行了询问与调查，发现甲员工因为家庭琐事导致工作注意力不集中；乙员工则是因为在两个月前迟到了一次，根据公司制度一次迟到会导致三个月内的绩效占比下降，所以乙员工失去了工作动力。针对两位员工的不同问题，小王为甲员工安排了心理咨询，将乙员工的迟到惩罚改为扣除当月全勤奖，经过一系列调整也避免了后续的员工绩效水平继续发生波动。

员工的绩效水平不仅受职业能力影响，同时也受到企业制度、员工个人原因等因素的影响。因此，只通过实施培训活动是无法保证企业正常运营的，需要在进行培训活动的同时融入制度要求等多种非培训手段。

4. 目标不可多样繁杂

课程培训是有始有终的活动，在一定的时间内，一个人的知识技能储备量是有限的，企业都渴望员工达到"文能提笔安天下，武能马上定乾坤"的水平，但这难度是非常高的。有目标的培训活动才有方向感，但是目标过多就容易失去重点，在清晰目标的指引下受训者的学习活动更加明确，如果目标过多受训者的注意力就会分散，出现能力宽泛却不精益的情况。

某快递公司的工作内容有出入库的调拨、订单打印检查、单据整理与文档归纳、工作数据的统计与整理、日常行政工作、商品货位维护等，为了提高内部员工整体的职业能力及技能水平，企业决定实施培训活动，确定的培训目标是全面提高每一位员工的综合能力。培训活动结束后，企业大部分员工虽然全面了解了实际工作内容，却极少有人可以精通每一项业务，绝大多数人都处于一知半解的状态。

对于规模较大的企业，应该遵循"具体岗位对应具体工作"的原则，也就是每一位员工负责单一的工作任务，而不是综合地参与工作。针对员工职业能力欠缺的问题，企业所实施的培训活动课程目标应该尽可能减少，不要因目标过于繁杂而影响学员的受训方向，进而导致培训效果不佳。

（二）授课对象分析

开发培训课程多用于企业内部员工的团体性培训活动，并不是一对一的辅导，所以确定课程目标前需要对授课对象的实际情况进行分析。开发培训课程的目的是提高受训员工的职业能力，通过对授课对象的分析，可以建立起受训者与培训内容的联系，受训者的能力需要源于从事岗位的工作内容，如果在培训中获得的知识不能运用到实际工作中，那么培训活动实施的意义就大打折扣。对授课对象的分析，主要包括授课对象的过往经验、授课对象的基础能力和授课对象的岗位层级。经过对以上三项内容的分析，可以确定授课对象是否处于同一层级、能否学习相同的课程培训内容。

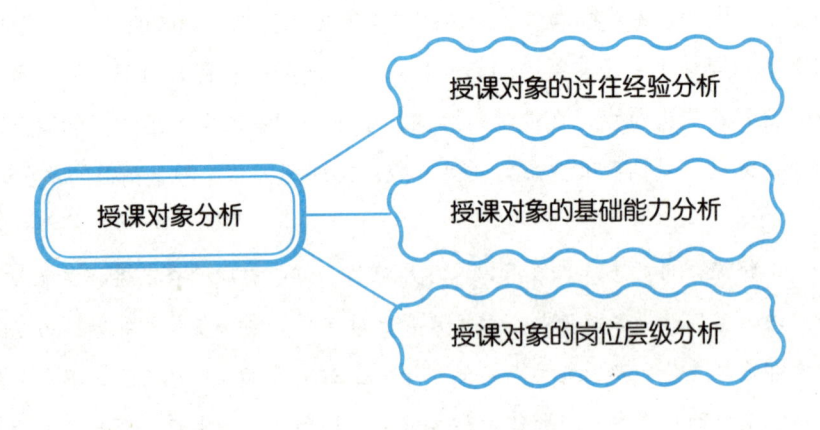

图 4-21　授课对象分析

1. 授课对象的过往经验分析

过往经验主要是指受训员工对培训内容是否了解、熟悉或接触过，学员对培训内容的了解程度决定了其学习速度，同时，受训者的学历、年龄等因素也影响着自身的学习进度。接触过相关培训内容的受训者会比其他人员更快地接受培训、融入培训过程。如果培训中有比较时尚新潮的内容，年轻人的学习速度通常会比年长者要快。

某企业为了推销经营的产品，一直采用地推形式。随着信息技术的发展，互联网逐渐成为很多企业产品的推销媒介，所以为了提高企业业绩水平，该企业选择利用短视频运营平台来推广产品和吸引客户。在开发相关培训课程时，首先对受训对象的过往经验进行调研与分析，发现企业内的"00后""90后"都有使用短视频软件的经验，甚至大部分人员很是精通。"80后"员工中，一半人有使用经验。在"70后"的人群中，大多数人员对此接触不多。将员工按照年龄区间分组，培训课程的起始难度会有所区别，培训内容的深度、培训活动的时长都不相同。

不同年龄的授课对象对培训内容的认知程度不同，实施培训活动需要考虑所有受训者的实际情况，所以课程开发前期的分析工作应该被重视，要根据分析结果制定培训内容，才能满足不同受训员工的需求。很多情况下，部分学员的已有经验与培训内容会出现重叠，这时候可以考虑两者之间是否存在替代关系，同时也可以提高受训者的学习效率。

2. 授课对象的基础能力分析

课程受训者的基础能力决定了自身的学习效率，这里的基础能力与过往经验没有太多联系，主要包括受训员工的个人学习能力和原始职业能力。第一是学员的个人学习能力，根据受训者的学习能力，讲授者可以合理地规划阶段性培训活动的任务目标，每阶段培训的内容量应该小于或等于受训者的学习能力，保证课程培训达到最佳效果；第二是学员的原始职业能力，课程培训活动的起始难度由受训者的原始职业能力决定，比如课程培训目标是教学加减乘除，就需要事先了解受训者的原始能力水平是只认识数字还是能够简单计算。

任何一项培训活动都需要基于受训人员的基础能力开展，企业内部培训也应如此，在课程开发前对员工能力进行测试与分析，才可以更加准确地确定培训目标、设计培训内容。可以考虑将一部分授课对象邀请到课程开发的工作中，让其根据自己的基础能力确定培训课程的起始难度。

3. 授课对象的岗位层级分析

所处岗位不同，负责的工作不同，对应的培训内容也会不同，所以授课对象的岗位职责决定了课程培训的内容。比如一线工作人员侧重于执行能力的培训，管理工作人员则侧重于管控能力的培训。简单来说，一个员工的工作目标由工作内容决定，如果想要提高自己的职业能力，就应该学习与工作内容相关的知识，接收相应的培训。要评价课程培训的实施效果，就需要测试受训者的学习效果，掌握其对培训内容的吸收程度，重点关注其所学习到的知识对完成工作任务是否有效。如果学习到的知识与工作任务无关，就无法在自己的岗位上为企业创造效益，同样也就违背了培训活动的实施目的。

（三）拟定课程主题

在确定课程目标的过程中，拟定主题是最后一个环节。只有概括出培训课程的主题，才能明确地展示出培训活动的具体目的。拟定课程主题后，后续由讲授者引导的培训活动就能够围绕着有意义的主题进行教学，加速受训者对培训内容的消化与长期记忆。通过课程主题，可以想象到已经构建的培训氛围，受训者可以结合实际工作任务与课程培训内容，更好地把握自己的学习节奏。企业培训课程开发经常使用的两种主题设计方法是单一标题和主副标题，其中单一标题的培训目标一目了然，主副标题则更具吸引力，更能凸显主题。

单一标题 ← 课程主题 → 主副标题

图 4-22　课程主题设计

1. 单一标题

单一标题的确定流程比较简单，具有直述性和直观性，课程开发人员直接通过叙述直观地呈现课程培训的目标。这种标题有一个固定的模板，即"对象+主题+目标"，对象是指培训内容要讲给谁听，主题是为了解决什么问题和如何解决问题，目标是指通过培训要达到什么效果。比如《核心厅店存量经营三必做》《厅店经理效能全方位提升》等类似的主题就是按照单一标题的方法设计的课程主题。

2. 主副标题

主副标题更具有设计感和包装感，所谓主副标题，就是将主题分为主标题和副标题，表现形式上是先主后副，设计的时候一般是先副后主，副标题涵盖课程培训的主要内容，主标题是在副标题的基础上起到画龙点睛、锦上添花的作用。拟定主副标题可以通过主标题吸引注意力，通过副标题明确培训目标及内容，比如《越专业·悦销售——销售过程分解训练》和《Hello，双微——核心厅店"双微"运营》就是按照主副标题方法设计的课程主题。

二、课程目标确定的推导过程

课程目标确定需要过程，不是瞬间或者短时间内就可以完成的，完整的课程目标确定推导过程需要依次确定课程类型、培训内容和目标层次。首先需要根据课程培训的需求，选择设计合适的课程类型；其次根据已经确定的课程培训目标，设计具体的培训内容；最后需要确定目标的层次高低，明确不同培训内容板块期望达到的目的。

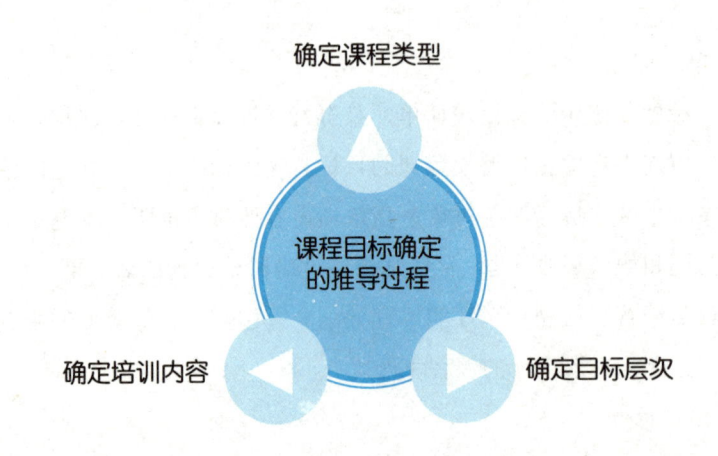

图 4-23 课程目标确定的推导过程

（一）确定课程类型

伴随着科技及经济的发展，企业员工需要掌握的知识与技能逐渐丰富多样。以销售与推广工作为例，以前只需要具备线下交流与推广能力，现在还需要学习线上交流与推广能力，甚至还应该学习用线上线下相结合的方法促进绩效提升。根据培训内容的不同，可以将培训课程分为三个类型，分别为情感领域类培训课程、动作领域类培训课程和认知领域类培训课程。

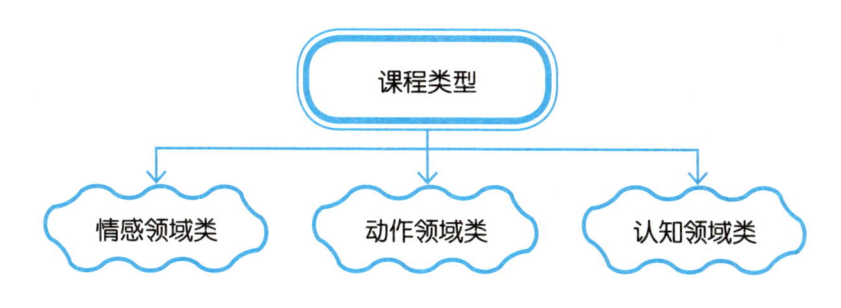

```
         课程类型
    ┌───────┼───────┐
情感领域类  动作领域类  认知领域类
```

图 4-24　确定课程类型

1. 情感领域类培训课程

情感领域类培训课程也可以称为态度类培训课程，这种类型的课程需要受训者按照接受、思考、兴趣、热爱和品格形成的流程学习并吸收培训内容。

（1）受训者在参与培训后的第一时间应该接受知识。在这个环节，学员需要做到愿意接受培训内容，明确意识到自己需要提高，不是外界要求自己提高。接受是一种主动行为，作为受训者，如果被动地接受就会失去动力与兴趣，对培训内容接受程度越高的受训者，他的学习动机就越明显，甚至是学员自己要求开展培训，不是被强迫参加。

（2）在接收到培训内容后，不能只是死记硬背，要做到"学"与"思"结合。在思考环节，受训者应该按照讲师的指引考虑与培训相关问题，深入思考的同时会加深对某些知识的印象及兴趣，愿意构想培训内容与过往经验之间的联系，面对有疑惑的问题会主动地钻研解决办法。

（3）对员工的培训活动也是其建立兴趣的过程，工作中的动力绝大部分来源于个人兴趣，受自身意愿影响，学员会深入地理解与研究问题，具体的表现为不愿意停下手中的工作，不想打断自己的思考。

（4）比兴趣更加强烈的是热爱，随着培训活动的进行，受训者会将学习到的培训内容内化为自己的坚定信念，能够在后续的工作中起到定向的作用。

（5）因为有兴趣、有热爱，才会促使个人品格的形成，将培训内容与自身价值观念相结合，内化为自己丰富全面的品格认知，并可以用来指导工作行为与言语表达。

2. 动作领域类培训课程

动作领域类课程是开发企业培训课程时使用频率很高的一种课程类型，主要是针对企业员工执行能力的培训，该类型课程的流程依次为模仿、理解、组合、评价和创造。

（1）对行为举止的学习一般都是从模仿开始的，就如同我们教育儿童时，先让其重复言语，让其模仿动作。对企业员工执行能力和动作技能的培训，也可以从模仿开始，可以在培训过程中展示一些行为并要求受训者进行模仿，可以给出清晰的语言描述要求受训者加以实施。

（2）人都是有好奇心的，在模仿一些行为后，企业员工会自发地产生探究的想法，从而去了解动作行为背后的原理，理解动作行为出现的原因，并能够概括出动作结果的相关情况。

（3）随着自身所接受培训内容的累积，受训员工所掌握的知识及技能也更加丰富，可以根据从事岗位的具体工作内容，筛选自己具备的技能水平，将合适的技能进行组合从而产生不一样的效果。

（4）自己设计的技能组合评价起来更加客观，因为能够在使用的同时切身地体会技能所展现的效果，从而可以分辨出什么合适、什么不合适，并能够准确地评估出各项动作技能的作用。

（5）技能水平的提高预示着受训员工处理工作问题效率的提升，个人的工作熟练度随之提高，在应对新的情况、新的难题时往往可以很快地选择合适的处理方式及策略。

3. 认知领域类培训课程

认知领域类课程常用来帮助受训者加深对产品或者事物的认知，这种类型的培训目标层次一般为记忆、理解、简单应用、综合运用和创造见解。

（1）因为要加深认知，所以会以讲授内容为主，受训者的记忆方式会停留在筛选记录上，在这个过程中，记录是最终表现，筛选才是关键。记住所学的知识与内容，就应该清晰地筛选出培训课程的重点、难点，着重理解重点、分析难点。

（2）对培训内容的掌握依靠受训员工的理解能力，可以对培训资料进行整合，将一些辅助理解的内容隔绝开，将与实际培训目标对应的内容加以巩固。为了提高自身的知识掌握程度及效率，可以根据个人习惯将课程内容提供的资料转化为便于自己理解的形式。

（3）培训知识的运用是一个不断尝试的过程，受训员工可以先将学习到的内容运用到一些简单的工作中，对自身能力的认可往往来源于逐渐提高的过程。

（4）在肯定了自身能力水平后，就可以将多次吸收的培训内容应用到具体的工作中，知识具有相通性，能够将所学知识进行融会贯通也是一种能力的体现。面对综合性问题，员工可以利用自己具备的知识能力分解问题，由逐个解决慢慢演变为综合处理。

（5）培训内容的学习、理解与使用都不是最终目标，提高员工自主创造和解决问题的能力才是重要目的。通过不断的学习，受训者能够逐渐突破自己的思维模式，针对出现的问题提出自己独到的见解与方案。

（二）确定培训内容

企业培训课程的内容要在目标确定的基础上进行设计，我们将课程内容进行分割，相应的课程目标也需要分割，每一个阶段的培训任务都对应着目标需求。一个完整合格的培训课程一般会分为不同的培训模块，每个模块期望达到的目标与培训内容相结合，发挥出提高受训员工具体能力的作用。确定课程类型后，根据课程培训目标确定培训内容，这是一个必须遵循的先后顺序，没有课程目标，不确定课程类型，是没有办法设计出具体内容的，即使设计出来也一定是缺乏章法的。

（三）确定目标层次

确定目标层次就是明确课程培训渴望达到的程度。设计培训内容要伴随着教学方式的选择、内容层次的设置一起进行。培训结束后，员工的能力水平是达到理解、掌握，还是运用呢？

比如有三门培训课程，课程一的培训内容是产品分类，课程二的培训内容是互助文化，课程三的培训内容是数据处理。首先要分析课程一，能够将产品分类的前提是具备认识产品的能力，不需要掌握过于精深的原理知识，这门课程的目标层次就是理解；其次分析课程二，企业员工之间的互助文化融入日常工作中，员工不仅要意识到互助的重要性，更要掌握与他人互帮互助的技巧，这门课程的目标层次就是掌握；最后分析课程三，培养数据处理能力，就一定会涉及数据处理软件的使用，单纯学习软件使用的理论知识不能展现出培训课程开发的意义，受训员工应该将理论转化为实践能力，通过操作软件来完成数据处理工作，因此这门课程的目标层次就是运用。

开发培训课程是系统地为受训员工提供知识技能、提升综合能力的重要途径，对内训师的个人能力具有很高的要求，一系列的设计与开发工作都需要按照课程目标的引导。康德曾言："没有目标而生活，就像没有罗盘的航行。"对于企业培训活动同样如此。课程目标是课程内容开发的前提，是实施培训活动的首要环节，一门培训课程质量的好坏，首先取决于课程目标的确定是否客观、全面、精准。课程培训目标是一切培训活动的出发点，是检验培训效果的准则，它明确地表述了企业开发培训课程的目的与企业渴望达到的效果，我们必须肯定课程开发目标的重要性以及必要性。

第五章

建构课程开发框架

　　如果说目标是方向，那么框架就是支撑。只有规定了课程框架，才有了添加内容的基础，制定框架的主要工作在于分析，不仅要分析内容，还要分析结构。内容是指需要划入课程中的培训知识，而结构则是指如何规划需要被设计在课程里的内容。

第一节　明确课程开发的目的

企业开发培训课程的原因是对某些文化的传承，对某些知识的普及和对某些技能的讲授。企业开发培训课程为实施培训活动提供理论依据，期望受训员工能胜任所从事岗位的工作，并在原有能力基础上有所提升。从其他层面看，企业也希望通过培训能使员工具备处理新任务的能力。开发培训课程的目的为解决问题，满足企业及员工需求，填补职业能力空缺，缩短现有水平与期望水平的差距。在开发培训课程的过程中，往往涉及如下四个目的，分别为认知、学习、掌握和应用。

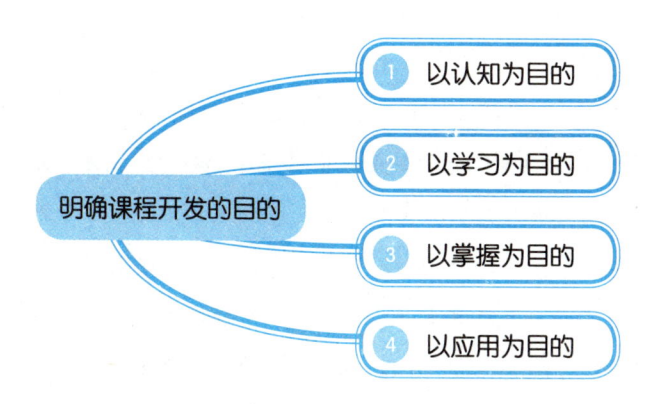

明确课程开发的目的
1. 以认知为目的
2. 以学习为目的
3. 以掌握为目的
4. 以应用为目的

图 5-1　明确课程开发的目的

一、以认知为目的

有很多知识属于需要认知但无须深入探究的，通过培训让学员达到认知水平即可。这些知识往往会贯穿于工作过程中，却基本不会影响员工的正常工作。比如企业文化、历史、产品的品牌文化、背景等，对这些内容无须死记硬背、逐字消化，有一个大致了解即可。开发诸如企业文化知识的课程，目的是让受训员工进一步了解企业。

有时，企业内部可能会出现突发情况，例如在小型企业内部，一个岗位上可能仅安排一位员工，当这位员工暂时缺岗时，就需要其他岗位的员工暂代其完成工作任务。为了应对此类情况，各岗位的员工都应该对其他岗位的工作内容有一定的了解，这就需要开发跨岗位能力培训课程。

某软件开发公司内部根据工作内容的不同，设立了不同的业务部门，其中薪资待遇最好的两个部门分别为软件设计部门和客户对接部门。顾名思义，软件设计部门的员工负责对不同性能的软件进行开发；客户对接部门的员工负责联系客户并根据不同客户群体的需要向其推广相应的软件。

软件开发部门的员工每天都沉浸在代码研究、程序完善等一系列工作中，加班加点的情况时常发生，而在这些员工眼中的客户对接部门，不仅不需要时刻待在办公岗位，还可以在工作结束后与大客户沟通应酬，所以内心产生落差，觉得在待遇相同的情况下，为什么对方的工作就如此轻松简单。

调研员工工作积极性时，企业的管理者察觉到部分软件开发部门的员工的错误认知，为了加以改变，企业高层人员经过讨论决定开展跨岗位能力培训活动。在为期一个月的培训活动中，课程讲授者主要引导受训员工认知不同岗位的具体工作内容及需要具备的能力。培训活动结束后，软件开发部门的员工发觉客户对接并不是一件容易的事情，很多时候耗费精力却没有收获，逐渐地认识到不同岗位的职责与艰辛，落差心理也就慢慢消失了。

以认知为目的的培训课程，涉及的知识范围一般比较广，并不要求受训者通过培训能够提高某项能力及技能，更多是强调认知程度的高低。对于企业课程的培训内容，受训者只要做到了解即可。因此，员工的熟悉程度更能体现培训活动的效果。

二、以学习为目的

学习是介于认知与掌握之间的能力水平。以学习为目的，就是受训者通过培训，只需要初步掌握培训内容即可，并不需要深入地理解或是运用所学知识。比如融入工作日常的礼仪知识、时间管理知识、沟通交流知识等培训内容都属于学习层面，目的是让受训员工学习，并不需要掌握，比认知的程度深一些即可。

小张应聘为一家茶叶销售企业的售货员。入职后，企业对其进行了职业能力培训，在课程培训内容中，销售技能、产品分类、产品信息等内容占了大部分，仅对不同产品的供销商及产品生产地做了简单的介绍。

在具体工作中，小张一直没有用到所参加的培训讲授的内容。直到一天，公司来了一位特殊的客户，相比于品茶，这位客户更热衷于收集茶叶。对方不仅查看了茶叶的品相，还向小张详细询问了自己意向购买的几款茶叶的生产地，力图丰富自己的收藏品价值。经过这件事后，小张终于明白了培训的意义，也成功地收获了一位有特殊需求的大客户的认可。

以学习为目的的培训更多是在特殊的情况下发挥作用，学习到相关培训内容后，在工作中的使用频率并不高，却能在意想不到的情况下发挥作用，所以我们必须肯定这类课程的实施意义。常言道"机会总是留给有准备的人"，开发以学习为目的的培训课程，无形之中会为受训员工增加成功筹码。

三、以掌握为目的

掌握是更深层次的理解，受训员工需要将自己所学的内容用到实际工作中去，正所谓"在其位，谋其职"。处于不同岗位的员工都需要具备相应的能力，如果有能力欠缺的地方就需要通过参与培训加以完善。对于技能性培训内容，受训者在理解过后需要参与具体的实践工作，一方面检验培训课程的合理性，另一方面确定自己的掌握程度。

小吴入职一家公司从事业务员工作，因为这是一家新创办的企业，所以包括小吴在内的大多数内部员工都不太熟悉工作内容。经过一段时间的观察，企业发现仅仅依靠员工自己摸索很难出业绩。为了提高员工的职业能力，企业决定聘请专门人员开发培训课程，实施培训活动。对受训员工的能力需求进行了解后，课程开发人员设计了相应的培训内容，包括与客户建立联系的技巧、营销与销售知识等。随着培训活动的进行，小吴对自己所在岗位的工作任务的认知不断加深。培训结束后，他已经可以很好地应对工作任务了。与此同时，企业开发这样的课程，目的不是简单地要求受训员工达到认知与理解的状态，而是希望他们能够真正掌握培训内容并将其用到后续工作中。此项课程开发的意义就在于员工的实际能力有所提升，能够为企业创造更高的价值。

以掌握为目的培训课程，涉及的培训内容更具有实际作用，员工掌握的培训内容越多，处理工作任务就越快速，也就越能够得到企业的认可，从而为自己争取到更不错的岗位待遇。通过参与课程培训，受训员工掌握到的知识内容实用价值很高，并不是学习、理解了就可以放在一边，而是需要具体地运用到日常的工作中，诸如此类课程的开发，通常为了提高员工的某项工作能力，使其适应自己的工作岗位。

四、以应用为目的

俗语说"术业有专攻",无论从事任何工作,身处任何岗位,总有优秀的人才表现突出,这些人员的知识组织及运用能力都比较高,为了能够培养出更多这样的员工,不少企业选择通过开发培训课程来实现目的。作为内训师就需要开发出以应用为目的的培训课程,比起理解、掌握,应用的层次更加深入,这要求受训员工不仅可以完全理解培训内容,还需要将这些内容转化为自己的知识储备,并能够在脑海里分割、组装,总结出最合适的处理方案去应对不同的情况。

小贾在一家餐饮企业就职,他的日常工作是为不同的就餐人员提供让其满意的服务。2023年4月,企业开发出《关于服务人员如何更好地服务》的培训课程,小贾和同事一起参加此次培训。在培训活动中,讲授者讲述了礼仪知识和服务技巧,这些知识会经常应用于小贾工作中,所以他积极学习并努力理解。通过一次又一次的短期培训,小贾逐渐从学习中领悟了道理,将自己所理解归纳出来的知识技能应用到工作中,并取得了不错的效果。

老黄是一家零件生产企业的资深员工,科技发展使得他这样的"老将"失去了原来的业绩领先位置,甚至还面临着被淘汰的风险。企业为了帮助这些老员工适应新的生产机器,开发了专门的培训课程。在实施培训活动的过程中,老黄慢慢学会了新型机器的操作。但也有部分员工不愿意机器设备的升级换代,所以没有认真学习培训内容。在培训结束后,企业大量购入新型机器,秉持着减少人力成本的目的,企业对操作能力欠佳的人员进行岗位调整和精减,老黄是为数不多留下来的老员工,当然,这也离不开他对培训内容的掌握及运用。

职场中的任何一个人，都可能面临岗位职能变革、企业结构变化等意想不到的变故，这就需要开发以提升应用能力为目的的培训课程，帮助员工顺利渡过难关。比起前面提到的认知、学习和掌握，应用的层次更高，且对培训课程的质量要求也更高，无论是前期的调研与分析工作，还是后续的设计与开发工作，内训师都应该更加用心地关注每一处细节。

问题难度有高低之分，培训课程开发的目的也有层次高低之分，根据需要解决的问题的难度，可以将课程开发目的分为上面讲的认知、学习、掌握和应用这四个层次，这些目的的深入程度是逐级递增的。

在课程开发的整个流程内，明确课程开发目的是很关键的前期步骤之一，只有确定了目标层次，才可以设计合适的培训内容，编写出符合实际需求的具体课程，有秩序地实施培训活动。由此可以看出，明确课程开发目的是开发培训课程的基础环节。

第二节　课程开发的内容分析

企业培训课程的主要部分是内容，要实现什么样的培训效果，需要培训内容来支撑。同样，确定培训课程的框架需要有来源，这个来源就是内容。我们只有真正分析出课程开发的内容，才可以建构出健全的课程框架。对培训内容的分析即明确课程设置的知识点有什么，什么样的内容能够帮助受训员工提高和完善哪些方面的能力，对受训员工的帮助是否符合预期目标等。进行课程开发内容分析时，要使用合适的分析方法，企业开发培训课程常用的内容分析法主要有工作任务分析法和关键事件分析法。此外，分析培训内容还需要根据不同模块的饱和度分配培训时间，以保证培训活动每个环节设计的合理性。

一、工作任务分析法

工作任务分析法是指对具体的工作任务进行具体分析，找出其中需要应对和解决的问题，并根据这些问题设计相应的培训内容，这种方法基于岗位职能而应用。使用工作任务分析法，首先需要分析岗位的工作任务，了解岗位上员工的提升需求，将企业预期目标与岗位员工现有水平进行对比，通过培训来缩短和消除这些差距。应用工作任务分析法设计培训内容需要根据岗位梳理出工作职责和关键步骤，并匹配每一步所需的知识和技能，这种方法的应用流程依次为职责分析、任务罗列、优先级排序和知识技能匹配。

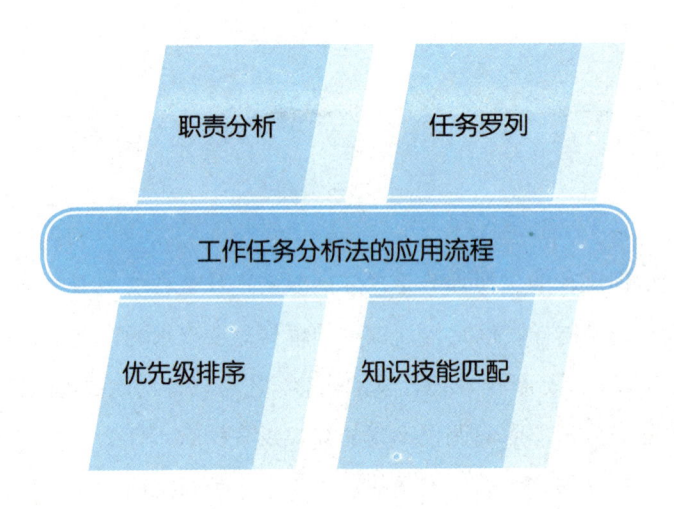

图 5-2　工作任务分析法的应用流程

（一）职责分析

职责分析是对企业内部不同岗位工作的分析，对企业设置的各个岗位的性质、业务、环境以及员工完成相应工作所需具备能力的分析与研究，并且根据分析得来的信息明确指出不同岗位的工作任务及内容。如果无法明确分析出岗位职责，就容易出现很多不利的情况，比如，企业管理人员不知道员工在做什么而无法展开巡查和监督工作；在没有引导人员的时候员工不知道自己的具体工作内容而荒废有效的工作时间；不同岗位之间职责出现混淆而导致工作重复或工作忽略等。可见，进行职责分析的主要作用就是明确每个部门、每个岗位的具体职责，规避不良情况的出现。

1. 职责分析的流程

对岗位职责进行分析一般不能在短期内实现，需要一个较长的完整流程。这个流程分为不同阶段，每个阶段的任务都不相同，最后汇总出准确的内容。职责分析流程主要包括准备阶段、设计阶段、调查阶段、分析阶段、输出阶段和运用阶段，不同阶段的任务各不相同。

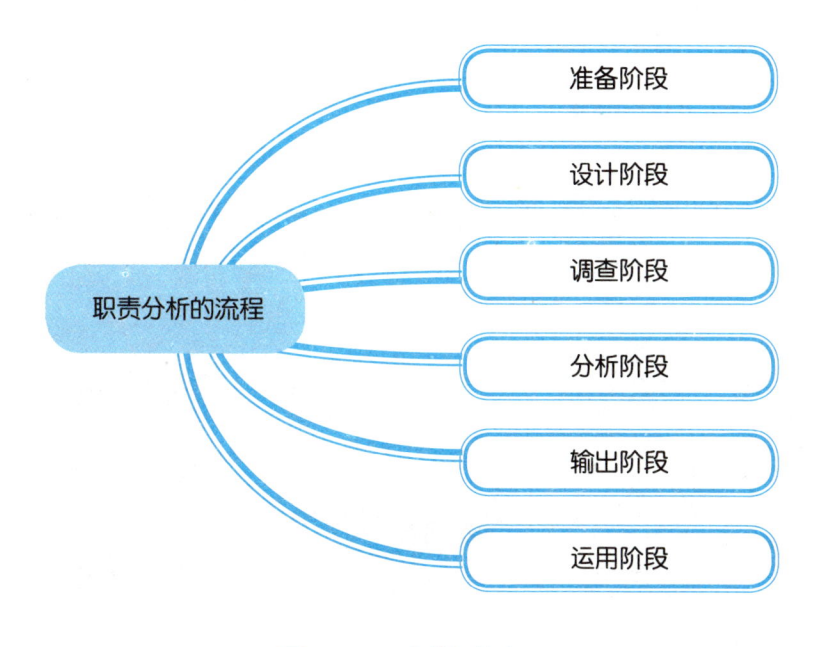

图 5-3 职责分析的流程

（1）准备阶段：明确为什么要进行职责分析，确定职责分析的对象，选择职责分析使用的方法并组织开展职责分析活动；

（2）设计阶段：设计具体的实施计划，规划不同分析工作的难度及所需时长；

（3）调查阶段：开展调查工作，对不同岗位从业人员进行访问及记录，明确不同岗位的职责范围；

（4）分析阶段：分析已经调查到的信息，从中获取有效内容，总结出不同岗位需要具备的能力和可能用到的资料、工具等；

（5）输出阶段：根据分析得到的结果制定出岗位职责说明书，考虑输出的内容是否全面准确，后续是否可以通过调整加以完善；

（6）运用阶段：经过补充完善的岗位职责分析内容可以用来指导实际工作，并能收集工作过程中的反馈信息，如果有需要，还可以进行再次完善改进。

2. 职责分析的方法

对岗位职责进行分析要讲究章法，不能没有头绪、没有计划地胡乱分析，一般常用的职责分析方法有资料分析法、工作实践法、典型事例法、工作日志法、任务调查法、问卷调查法、观察法和访谈法。

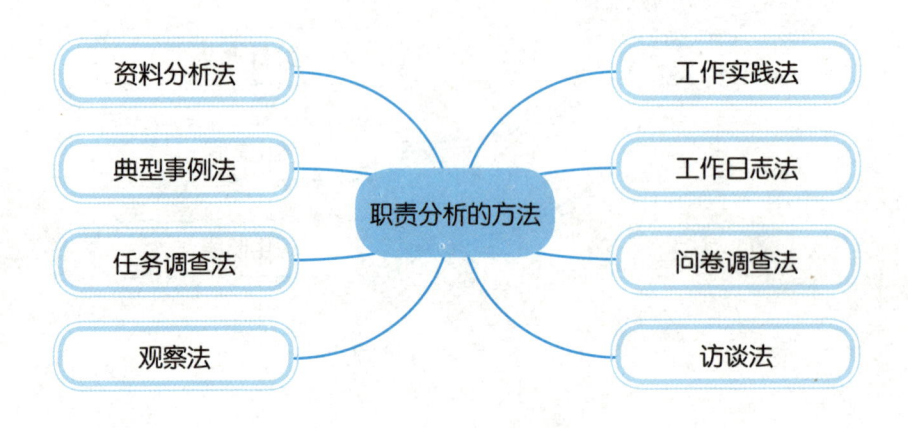

图 5-4　职责分析方法

（1）资料分析法：以已经收集到的资料为研究对象，总结出每个岗位、每位员工具体的工作任务。其优点是分析成本较低，实施比较简单直接；其缺点是收集到的资料往往不够全面，分析结果与实际情况容易出现较大差距。

（2）工作实践法：调研人员通过亲身参与实践工作，按照体验、了解、总结、分析岗位工作任务的流程，达到分析岗位职责的目的。这种方法能够深入了解岗位需求，可以获取第一手信息资料，但是分析人员与实际工作人员的能力存在差距，这一差距容易导致结果出现偏差。

（3）典型事例法：典型事例法的核心在于"典型"，可以选择一件或者几件代表性强的事例作为分析对象，典型事例法直接描述员工在岗位上的具体工作活动，可以掌握实时的工作状态，总结出的信息真实性较高，但是收集信息是一个烦琐的过程，同时是否能够选取真正的典型事例也是一个难点所在。

（4）工作日志法：工作日志法要求岗位员工对自己的工作内容进行详细记录，从员工日志中得出所需要的数据与信息。这种方法可以保证信息全面、可靠，但是容易受到员工主观思维的影响，不同员工对工作职能的理解不同。分析岗位职责并不需要主观的看法与理解，需要的是客观中肯的分析。

（5）任务调查法：先根据所调查项目制订出一个调查表，抽取部分员工对调查表中的内容进行选择和填补，从而掌握实际的岗位职责。这种方法具有很强的针对性，收集到的信息全面真实，但是前期的设计工作耗时耗力，后期的归纳工作烦琐复杂，实施起来具有很高的难度。

（6）问卷调查法：问卷调查的工作重点在于问卷发放和数据汇总，需要将设计好的问卷题目发放到岗位员工的手里，规定时间让其填写，再收集有效问卷来进行数据分析。这种方法获取信息的速度快，结果分析的效率高，投入后能够节约观察时间，但是在问卷设计的过程中，工作量大、花费时间长，所以适合用于多岗位职责分析。

（7）观察法：观察法需要围绕岗位工作人员的日常工作开展，参与其中的人员分为观察方和被观察方，通过了解不同岗位人员的工作行为总结出具体内容，这种方法根据引入时间的不同，还可以细分为直接观察法、阶段观察法和表演观察法。

①直接观察法

对创新能力要求不高的岗位适合采用直接观察法，这些岗位的工作周期短、工作内容简单，往往进行一个周期的观察就可以掌握详细的信息数据。比如环保岗位的工作内容重复性高、工作领域固定，调研人员可以选择直接观察法进行短期观察。

②阶段观察法

所需工作能力不设上限的岗位适合采用阶段观察法，这些岗位上的人员成长能力强，一个阶段的工作结束后个人职业能力想继续提高就需要制定新一轮的观察计划。比如教师的教学能力随着工作年限的增长而提高，培养出一批学生需要时间，在长期的教学过程中可以分阶段地观察教师能力，从而了解岗位职责的变化。

③表演观察法

突发事件发生频率高的岗位适合采用表演观察法，这些岗位职责不仅是基本的工作内容，还包括对临时发生情况的把控与化解。比如销售人员面向的消费者不固定，需要应对的情况就呈现多样性，除了日常的销售任务外，岗位员工还需要摸索出不同性格的客户喜欢的服务风格，所以可以创设不同情境与问题，对相关员工的应对方式与处理态度进行观察，精准地掌握岗位职责。

（8）访谈法：与受访者进行对话的了解方式即为"访谈法"，首先可以对单个员工进行访谈，具体了解每一位员工的实际工作任务；其次可以组织集体性访谈活动，对相同岗位的不同从业人员进行访谈，集中了解每一位员工的实际工作任务；最后可以访谈不同岗位的管理人员，从对方的评价中了解岗位职责的相关信息。

（二）任务罗列

分析完岗位职责后，应该将具体的工作内容罗列出来。任务罗列就是将不同岗位负责的工作任务——列举，直观地呈现出来，给岗位员工指明工作方向，给管理人员提供管理方向。岗位工作任务罗列的呈现方式有很多种，其中使用频率很高的有文字类、视频类和演讲类。文字类罗列方式是将工作内容运用文字进行描述，可以通过理解文字内容从而了解工作任务；视频类罗列方式是将工作内容融入视频当中，在记忆字幕、听取语音的同时掌握岗位工作任务；演讲类罗列方式是由专业的人员将工作内容汇总并通过演讲的形式传达下去。

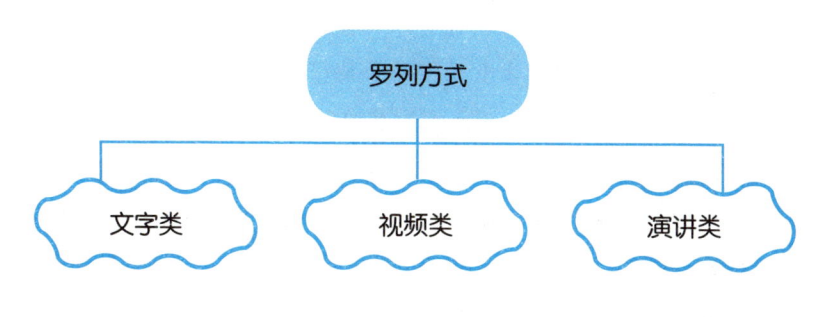

图 5-5　任务罗列法

1. 文字类罗列方式

岗位分析人员对不同岗位的职责进行调研，将有效数据总结归纳出来后，整理成文字形式，加以呈现说明，由于文字的传达效果受篇幅长短、繁简程度的影响，为了更直观地展示需要罗列出的工作内容，最好采用条目式罗列方式。条目式罗列的层次分明、内容清晰，主要遵循"——对应"原则，例如某饮水机销售公司内部不同岗位的工作任务罗列如表 5-1 所示。

表 5-1　某饮水机销售公司内部不同岗位工作任务

岗位名称	任务罗列
宣传岗	宣传产品、拓展营销领域等
销售岗	销售产品、维系客源、开发客户等
售后岗	售后服务、客户体验收集等
采购岗	选取原材料、降低初始成本等
技术岗	产品维修等

2. 视频类罗列方式

岗位分析人员把汇总出来的工作任务制作成视频，在罗列的内容中可以详细观察到每个岗位的日常工作内容及流程。视频配置方面应保证齐全，尤其是字幕的标注、语音的清晰度等方面，针对细节的工作内容及步骤，可以采用特别标注的方式起到吸引注意力的作用，而清晰明了的语言传达也可以加深记忆。

3. 演讲类罗列方式

岗位分析人员在掌握工作任务的基础上融入自己的理解，设计出严谨的演讲内容进行任务罗列，使得听取演讲的人员更快、更准确地理解不同岗位的职责与任务。听讲人员需要与演讲者的节奏保持一致，记忆的同时也要记录，旨在全面地掌握工作任务。这种方法可保存性能低，适合同时罗列任务简单的岗位工作。

（三）优先级排序

企业内部不同岗位的职责存在区别，同一个岗位负责的工作任务多样，这些任务往往不可能同时开展或完成，需要岗位员工按照顺序，有条理地处理个人工作。为了保障正常工作进度，应该对岗位工作任务进行优先级排序。掌握岗位实际工作任务后，可以采用FID分析法排序。其中，"F"是指频繁度，也就是明确某项工作是不是每天都需要开展；"I"是指重要性，也就是明确某项工作是否应该花费大量精力；"D"是指困难性，也就是明确某项工作完成的困难程度。三个方面均分为五个层次，按照层次高低可以规定在1～5分。

频繁度：5分为极为频繁；4分为很频繁；3分为频繁度中等；2分为较不频繁；1分为极不频繁。

重要性：5分为极为重要；4分为很重要；3分为重要性中等；2分为较不重要；1分为极不重要。

困难性：5分为极为困难；4分为很困难；3分为困难度中等；2分为较不困难；1分为极不困难。

通常情况下，内训师开发培训课程的过程中，采用FID分析法评测出什么程度的工作职责应该设计到课程中，什么程度的工作任务应该设计为精细培训内容。所分析的岗位职责及工作任务的频繁程度、重要程度和困难程度可以根据实际分值决定开发意见，比如，总分9分及以上的工作职责，可以开发重点精品课程；总分9分及以上的工作任务，可以开发成重要单元学习。

（四）知识技能匹配

岗位分析人员的主要工作是了解不同岗位人员的具体职责与工作任务，待这些信息被深入清晰地掌握后，后续的重要工作就是明确不同职责与任务应该配备的知识技能。例如，某企业开发的《核心厅店"双微"运营》课程中关于知识技能分析部分如表5-2所示。

表 5-2 《核心厅店"双微"运营》知识技能分析

岗位职责	任务罗列	频繁度（F）	重要性（I）	困难性（D）	优先级	知识技能
"双微"运营	基础运营	4	5	3	12	基本职业能力
	对标客户	4	4	3	11	客户分析能力
	线上活动	5	5	4	14	活动组织能力
	线下运营	3	3	4	10	线下运营能力

二、关键事件分析法

关键事件是指对目标实现起关键性积极或消极作用的事件，确定事件关键程度的原则是工作过程中发生的对于企业绩效有重大影响的特定事件。通过对重要事件的分析，可以明确知晓培训课程应该设置的实际内容。对企业绩效影响的关键事件具有两面性，分析具有积极影响的事件可以深入优化和改善对企业效益影响较大的因素，促进企业的绩效更上一层楼；分析具有消极影响的事件可以了解问题所在，并针对问题制定策略，促进企业的绩效有所好转。

（一）收集关键事件的步骤

确定了对企业绩效影响巨大的事件后，首要工作就是对这一关键事件进行分析，促使事件发生的主要参与主体是员工，所以不仅要分析事件本身，也要分析参与其中的员工的行为与能力。收集关键事件的步骤主要包括分析事件发生的原因、了解与分析员工的行为表现、总结关键行为出现后引发的后果和掌握员工对行为后果的把控能力。

1. 分析事件发生原因，就是分析关键事件发生的原因，剖析相关事件为什么会发生，是基于什么情况发生的；

2. 分析员工行为，就是了解关键事件发生过程中员工有什么样的行为表现；

3. 关键行为后果，是指员工的个人行为在关键事件中发挥了什么样的作用；

4. 员工把控能力，是指员工意识到个人行为对整体事件的影响后，是否可以合理适度地把握行为与呈现效果。

（二）可用培训解决的关键事件因素

影响关键事件效果的因素是多元的，并不是所有维度的因素都可以通过培训解决，例如政策因素、技能因素和行为因素等，虽然它们会影响关键事件效果，但政策因素受市场大环境影响，行为因素受人的主观情绪影响，这些因素无法精准把控，所以不能通过培训来解决。相比较一系列不可控因素，多数的技能因素可以借助培训手段来解决，技能储备是独立于员工自身的能力水平，在接受培训后可以得到提升。

以受国家政策、职业能力、个人性格等因素影响的教师职业为例，从政策因素角度出发，为了保证从业人员的综合素质，学校通常要求具有职业资格证明的人员才可以入职，这对很多受专业限制的人员来说就无法通过培训解决；从行为因素角度出发，选择从事教师职业，就需要有耐心、有毅力、有担当精神，对于很多缺乏耐心的人员来说，先天性格的问题难以克服，也是无法通过培训来解决的；而从技能因素的角度出发，符合专业要求、性格合适的人员如果仅仅是因为职业能力不足而不符合岗位需求，是可以通过接受培训来填补空缺的。

三、对时间进行分配

比起让课程讲授者在熟悉课程内容后设计授课时间，在课程开发过程中由内训师分配时间则会更加精准，因为内训师在开发课程的同时更清楚培训课程的内容含量以及各部分内容的难易程度，所以可以更精确地计算总时长，科学地分配时间并加以调整。

```
对时间进行分配 ── 计算授课总时长
              ── 分配授课时间
              ── 调整授课时间
```

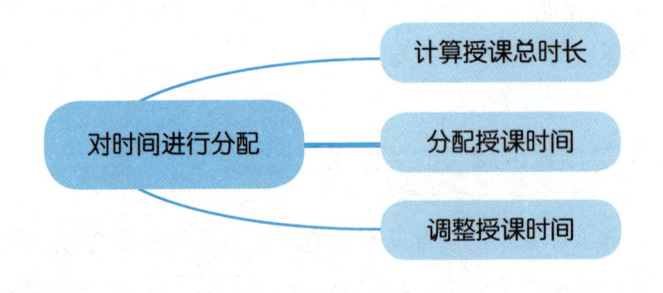

图 5-6　授课时间分配

（一）计算授课总时长

课程内容的含量决定了授课总时长，比如一个小时可以完成的培训活动，可以选择用三个小时完成，但如果选择用 30 分钟则无法达到预期的培训效果。虽然可以延长培训总时长，但是也应该适度，因为授课时间过长容易消磨受训者的学习积极性，同时也很考验讲授者的耐心。规模越大的企业需要实施的培训项目越多，如果不能计算出一门培训课程的授课总时长，很有可能会影响下一门培训课程的开展，从而打乱总体的培训计划，这期间的诸多损失是无法估量的。因此，内训师应该精准地计算授课总时长，避免给企业带来不必要的损失。

（二）分配授课时间

当把企业与员工的需求输出为体系化的培训课程后，所包含的内容不能一次性传达给受训员工，需要将课程内容分割成不同的模块。课程内容的分割应该有计划地进行，不可随意任选内容节点。需要从整体培训内容出发，将其分解成不同模块，每一模块应该有独立可行的计划。所以，我们不仅需要分配模块授课时间，还需要分配细项授课时间。

1. 分配模块授课时间

将培训课程的整体内容按照关联性分割成不同的模块，根据各模块的内容含量、难易程度合理地分配授课时间，所有模块的授课时间累加起来就是培训活动总时长。合理地分配模块授课时间，保持好每一次培训的时间节奏，不会因为培训难度的跳跃给受训者增加学习难度，也是保证培训活动达到最佳效果的手段之一。

某企业开发《分公司店长学习地图研讨工作坊》课程，针对农村地区店长设置了专门的培训内容，其学习路径表规定的模块授课时间分配如表5-3所示。

表5-3 《分公司店长学习地图研讨工作坊》模块授课时间

课程模块名称	模块内容简介	授课时长
《农村政企业务拓展培训——店长专项赋能》之农村市场大有可为	农村政企市场发展的背景及国家相关政策解读等	1.5小时
《党的二十大政策解读》	解读党的二十大中关于农村发展的相关政策	1.5小时
《农村政策改革下的店长定位》	在转型背景下，店长的新职责、新使命等	1.5小时

续 表

课程模块名称	模块内容简介	授课时长
《农村政企业务拓展培训——店长专项赋能》之标品销售场景适配	行业魔镜、云电脑、安全产品介绍等	1.5小时
《重点业务产品知识》	现阶段重点产品卖点、资费、适用客户、案例介绍	0.5天
《商务礼仪完美塑造》	认知礼仪、仪表礼仪、仪态礼仪、商务会面礼仪、电话礼仪、餐饮礼仪	0.5天
《底线管理的相关制度学习》	与政企相关的规章制度	/
《农村政企业务拓展培训——店长专项赋能》之基础支撑夯实有力	商机管理流程介绍、项目支撑流程介绍	1小时
《异网信息侦查与应对策略》	异网信息收集的方法及收集后如何利用异网信息进行营销转化	0.5天
《怎样做好区域市场的经营管理》	岗位认知与定位、当好区域管理者的几个关键点、当好区域管理者需要具备的六大能力	1天

2. 分配细项授课时间

对每个模块的内容及授课时间进行分配后，每一次的模块培训就可以视为单独的培训活动，一次内容充实的培训活动也需要有合理的授课时间规划，所以应该分配细项的授课时间。细项分配是指细节项目的授课时间，包括什么时间段讲授什么内容、什么时间需要休息等，这要求课程开发人员具有较高的细节设计与处理能力。

（三）调整授课时间

课程开发人员根据培训内容分配授课时间，主要依靠自身的经验来预期培训效果。与此同时就不得不考虑受训学员能力变化的问题，很多时候，随着培训活动的实施，受训者的学习与理解能力会有所提高，所以就需要适当地预测并且允许授课时间的调整。培训课程中关于授课时间的分配是一个初始计划，为了保证培训活动的高质量实施，需要在预设计划的基础上规定可以调整的范围。

分析课程开发的内容是培训内容设置的基础工作，构建课程框架需要从分析培训内容中确定培训方向，而培训内容的分析依赖于准确方法的使用，根据不同培训内容和类型去选择是采用工作任务分析法还是关键事件分析法。

不仅如此，内训师也应该根据培训内容分配相应的授课时间，在明确授课时间的情况下也能方便课程框架的建构。课程框架是培训课程中层次分明的部分，培训内容的分析、授课时间的分配很容易凸显层次，所以对课程开发的内容分析很有必要。

第三节　课程开发的结构分析

以内容为主线开发课程，如何输出内容是一个需要思考的问题，对课程开发的结构也有较高的要求，培训课程的结构决定了培训内容的输出形式和输出顺序，所以应该根据不同的培训需求确定合适的课程结构。内训师开发课程会选择的内容呈现结构主要有并列式、总分式、递进式和对照式，其中并列式是指各模块内容属于并列结构，没有难易区别和包含关系；总分式是指部分模块之间存在包含和所属关系；递进式是指各个模块内容按照由易到难的原则设置；对照式是指列举不同角度的内容以突出培训目的。

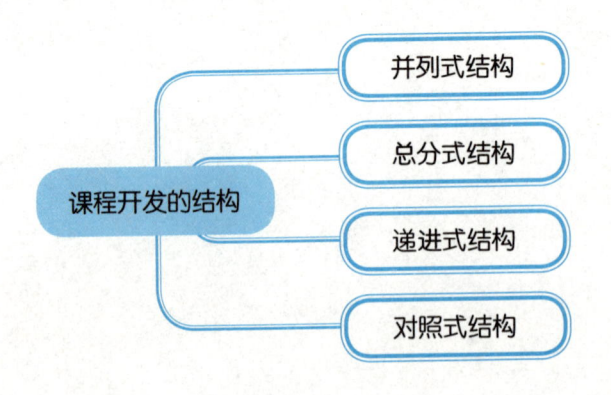

图 5-7　课程开发的结构

一、并列式结构

并列式是典型的内容横向呈现方式，首先表明企业课程的总目标，然后并列地从几个方面分别瞄准总目标开展培训。采用这种结构设计培训内容，能够对培训总目标从不同的角度加以了解与认知，还能够并列地指出多个影响培训效果的小目标。并列式结构的主要特点是不重复、不包含和不矛盾，要求不同培训模块的内容没有重复的部分，彼此不存在包含与被包含关系，且不出现矛盾与冲突的地方。

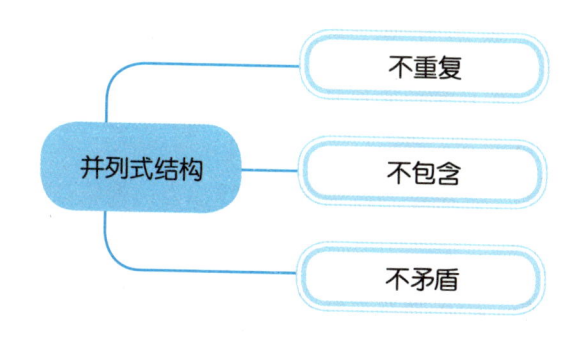

图 5-8 并列式结构

（一）内容不重复

并列式结构的课程中各模块的内容不能有重复，要做到"各说各话"，虽然各部分内容都为了达到总目标，但是各自的小目标并没有共同点，所以内容重复反而会使得培训活动更加烦琐，比如某课程的模块主题如下：

案例1：模块一的主题为营销活动策划技巧，模块二的主题为活动组织流程。

案例2：模块一的主题为营销活动策划技巧，模块二的主题为销售组织设计技巧。

对比上述两个案例的模块内容，发现案例1中的两个模块主题分别为策划技巧和组织流程，是两部分相互分离且不重复的内容；案例2中的两个模块主题分别为策划技巧和设计技巧，虽然主题存在差别，但在技巧叙述上难免会出现内容交叉。相比之下，案例1的模块设计更偏向于并列式结构呈现。

（二）内容不包含

并列式结构的各模块之间不存在包含关系，要做到"相互独立"，每一个模块的内容都是为了从某个方面实现培训目标，并不需要其他模块的内容作为补充，出现包含现象很有可能会影响其他模块的培训效益，比如某课程的模块主题如下：

案例3：模块一的主题为渠道服务支撑能力；模块二的主题为渠道布点规划能力。

案例4：模块一的主题为渠道服务支撑能力；模块二的主题为渠道运营管理能力。

上述两个案例中，案例3的两个模块主题分别为服务支撑和渠道布点，两个模块的内容针对的方面不同，是重要程度比较接近的培训内容；案例4的两个模块主题分别为服务支撑和运营管理，多数情况下服务支撑是为了开展运营管理，所以两者之间存在包含关系，服务支撑的内容是对运营管理的一个补充。由此看来，案例3的模块设计更符合并列式结构的要求。

（三）内容不矛盾

并列式结构的课程中各模块内容不能出现矛盾与冲突，从相反的角度出发进行培训是无法实现培训目标的。从不同方面推动培训进程，内容出现冲突就模糊了培训目的，变成了各模块内容上的博弈，比如某课程的模块主题如下：

案例5：模块一的主题为运营关键之向上资源调用；模块二的主题为运营关键之向下资源整合。

案例6：模块一的主题为运营关键之管理集约化；模块二的主题为运营关键之个性化管理标准。

分析上述两个案例可知，案例5的两个模块主题分别为向上资源调用和向下资源整合，分别从向上和向下两个维度讲述培训资源的处理办法；案例6的两个模块主题分别为管理集约化和个性化管理标准，从集约和个性两个角度设计培训内容，彼此之间出现的矛盾会影响到受训员工的判断，从而导致培训达不到想要的效果。

二、总分式结构

总分式结构是表示总述和分述之间关系的结构方式，这种结构方式的条理清晰、逻辑分明，分述的各个课程模块关系平列，总述和分述模块的内容有层次包含的关系。内容复杂的培训课程经常采用总分式结构，力图让培训内容更加清晰，以帮助课程讲授者轻松地把握教学节奏，促使受训者高效地学习课程重点，这种结构方式分为总分总式、总分式和分总式。

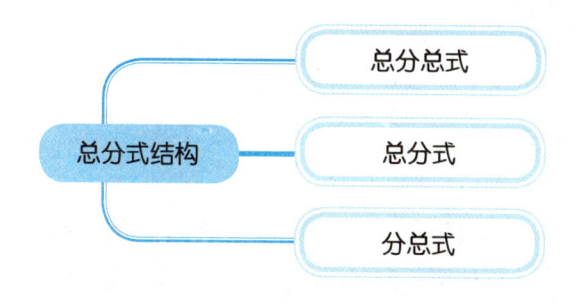

图5-9 总分式结构

（一）总分总式

总分总式结构是先总、后分、再总，即先总论目标，再分而论之，最后进行总结。这样设计的培训内容逻辑严密、条理分明，前面的总述让受训者明白培训活动的主要方向，中间的分论能够具体展示培训内容、技能知识等，后面的总结起到总结观点、加深对培训内容记忆的作用。

某门店公司为了适应行业环境变化，决定逐渐转变公司所承接的业务，于是开发出增强员工转型意识及新增工作任务技能培训的课程，这门课程的四个模块主题如下：

模块一：智慧门店引领变革；

模块二：工作定位变化；

模块三：技能要求变化；

模块四：智慧门店转型重点。

上述案例中，学习门店变革和转型的有关内容是总目标，工作定位与技能要求分别是总目标的一个方面，先是指明智慧门店是引领企业变革的关键，分述内容指出工作定位与技能要求的变化是影响智慧门店运营发展的不同方面，最后对分述内容进行总结，说明培训课程的内容模块是智慧门店转型的重点，同时引领受训员工对所学内容进行巩固并加深记忆。

（二）总分式

总分式结构是先总后分，首先需要提纲挈领，从总体的角度考虑培训内容开发的目标，再按照不同层次分别设计培训内容，旨在从不同方面贯彻总目标。

某企业的运营规模庞大，在多个销售区域均设有门店，近期发现某一个门店的业绩明显下降。经过与其他门店的对比发现，该门店的各项能力均处于"故步自封"的状态，社会经济在发展，行业竞争愈发激烈，不能实现提升的门店注定难以获得业绩。基于这一现状，企业开发出提高门店效益的课程，其不同模块的主题如下：

模块一：门店效能的提升；

模块二：门店的提升；

模块三：商品的提升；

模块四：人员的提升。

根据上述案例提及的课程内容设计，企业想要获得业绩就需要从多个方面实现提升，影响门店效能的主要因素是员工的职业能力、门店的位置和商品质量等。采用总分式结构设置培训内容，首先提出开发课程的培训目标是提高门店的效益，经过分析可以掌握影响门店效能的因素主要有门店、商品和人员三个方面，所以可以从这三个不同的角度实施培训。

（三）分总式

分总式结构是先分后总，即把想要提高的方面从不同的角度进行分析，针对不同需要设置不同的培训内容，最后将分散的培训内容汇总成一个结构丰富的总目标。依照这种形式开发出的课程，内容分布的顺序是先分析单个因素，再总结观点，达到逐个掌握、整体理解的目的。

某企业在运营过程中发现同行业的其他竞争者一直在增强创新合作能力，并且取得了不错的成果，为了不被行业内部的竞争洪流冲散淘汰，企业决定强化内部员工对创新合作的认知，培训课程的呈现的模块主题如下：

模块一：零售商创新合作；

模块二：终端厂商创新合作；

模块三：网商创新合作；

模块四：创新合作策略。

上述案例中的企业所意识到的问题无形之中已经成为课程开发的核心及关注点，秉持着强化受训员工的创新合作意识，内训师分析出可以从零售商、终端厂商和网商三个方面分别提升，最后将三部分的内容进行汇总，层次分明、目标明确的培训将有效提高员工的整体创新合作意识与能力。

三、递进式结构

递进式结构是指课程内容的各个层次之间环环相扣、级级深入，可以是从现象到本质，也可以是从原因到结果，还可以是从一般到特殊或者从特殊到一般。递进式结构的课程能够体现思维的缜密，使得课程内容更加丰富、更具个性，使用这种结构方式对内容的层次有很高要求，必须严格按照先后顺序设置内容，不能随便打乱更改。

递进式结构理念经常出现在议论文的撰写过程中，比起文章可选用类型的多样性，虽然企业培训课程也可以使用递进式结构设计内容，但是可以选择的类型范围却比较有限，并不是所有的递进方式都适合用在设计培训内容中。目前，使用频率较高的形式主要有"Why-What-How"结构和"And"结构。

```
递进式结构 ─┬─ "Why-What-How" 结构
            └─ "And" 结构
```

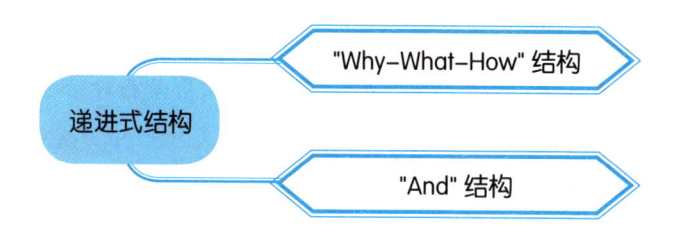

图 5-10　递进式结构

（一）"Why-What-How"结构

"Why-What-How"结构是按照提出问题、分析问题和解决问题的顺序设计课程的培训内容，即"为什么""是什么"和"怎么做"。"为什么"是了解出现问题的原因是什么，需要分析出问题所在的根源；"是什么"是指明所出现问题的实质含义，需要确定课程培训的范围；"怎么做"是提出解决问题的具体措施与策略。"为什么—是什么—怎么做"的思路与步骤有利于让培训内容条理化，用好这种结构的关键在于对核心的把控和内容的灵活设计，从实际存在的问题出发设计出不同部分的内容。

某企业的人员管理制度不健全，内部员工的工作积极性不高，面对工作任务经常应付了事，他们认为只要做到符合要求就好，并不需要提升自己的工作标准，这就导致企业的绩效虽然稳定却一直无法提升。经过调研与分析，企业发现问题的根本在于员工缺乏严谨认真的态度，对于工作内容的细节之处并不是很关注，为了改善这一现状，企业聘请内训师开发了相应课程。从企业的现实情况出发，内训师开发出一门《学会"钻牛角尖"》的课程，各模块的主题及大致内容如下：

模块一：为什么要"钻牛角尖"——随意的工作态度只能保证任务完成，却不能保证任务质量，所以员工应该"钻牛角尖"，认真严谨地对待工作，不放过、不忽略每一处细节；

模块二：什么是"钻牛角尖"——"钻牛角尖"是指对任何事情都保持认真钻研的态度，在工作上"钻牛角尖"则是严格要求自己，认真完成工作任务；

模块三：怎样做到"钻牛角尖"——达到"钻牛角尖"的程度需要有认真的工作态度、锲而不舍的钻研精神和科学的工作方法。

（二）"And"结构

"And"结构是指各部分培训内容之间的关系呈现递进形式，培训内容涉及的理念纵向展开，逐级深入地靠拢培训目标，各部分内容涉及的范围一般按照由小到大的层次设计，且顺序不能互换，前一部分的内容可以为后一部分打好基础、做好引入。

仅仅依靠企业的要求及竞争的压力来促进员工提升能力还远远不够，个人能力的提高主要受员工自身主观能动性的影响，为了调动员工的工作积极性，某企业决定通过培训让员工意识到提高个人能力的重要性。他们开发的培训课程中各模块的主题如下：

模块一：一个人的工作目标影响自己的职业生涯发展；

模块二：一个企业的经营目标影响未来的发展及前景；

模块三：一个行业的发展目标影响企业的市场份额占比。

从个人到企业再到行业，其涵盖的范围越来越大，存在很明显的递进关系，多个个体组成企业，多个企业组成行业，这些内容的顺序不能改变。

四、对照式结构

对照式结构，就是在确定培训方向后，从两个相反的方面对培训目标进行分析，运用对照式结构的目的是通过对照正反两个方面的观点，重点说明某一方面的正确性，与之相反的方面则起到衬托的作用。培训课程的对照式内容可以更加鲜明地突出什么是正确的、什么是错误的，强化正确方式对日常工作的推动作用，更加明确地展示正确行为的重要性。

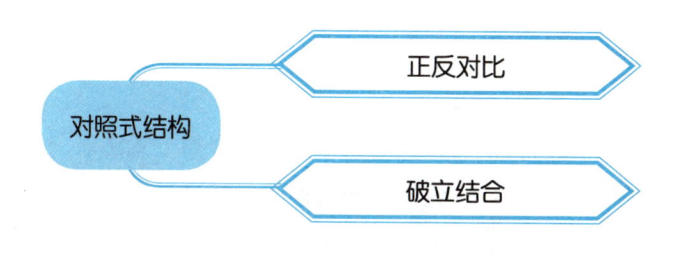

图 5-11 对照式结构分类

（一）正反对比

内训师从正反两个方面选取材料并进行分析，一般是列举出正确观点和错误观点，将两者进行对比展示，随后点出正确观点形成的积极作用，使得培训目标更加清晰明了。在对照式结构的正反对比中，正确与错误十分明确，先指出对错再进行分析，可以从培训内容中直观地知晓什么样的行为是正确的、什么样的行为是错误的，受训员工在接受培训内容后，可以在工作过程中清晰地确定行为举止趋向。

某企业想要营造积极向上的工作氛围，在对硬件环境完成改善后，接下来的主要任务就是采用培训手段调动员工的工作积极性。为了清楚告知员工诸多行为表现的正确与否，内训师开发的培训内容从正反两个方面进行讲解。一方面的模块主旨是认真、积极地应对工作；另一方面的模块主旨是敷衍、消极地应对工作。在培训实施过程中，直接指出敷衍、消极的工作态度是错误的，认真、积极的工作态度是正确的。针对两个相反的观点，分别设计了相应的案例进行分析，受训员工从贴近实际的案例中了解到错误工作态度的不良影响，从而更加严格地要求自己。

（二）破立结合

相比于对照式结构中的正反对比，破立结合的方式略显"温和"，这种形式对于判断正误不具有太强的绝对性，通常是采用"柔和政策"，先进行分析再指出对错。受训员工会在逐渐适应培训节奏的同时能够理解什么样的行为更有益处。培训课程所列举的两个方面的观点不存在绝对的正误区别，而是指出哪一方面更具优势。

某公司的宣传部门设有文案撰写岗位，这些员工的职责是撰写宣传文稿。由于公司的宣传单、宣传海报通常是一个月更新一次，所以对文案的需求没有太严格的时间要求，岗位员工只需要在一个月之内完成规定数量的文稿撰写即可。

由于工作时间充裕，工作任务量确定，所以不同员工的工作计划不同，有的员工选择按时按量完成，即每天都固定地完成一定数量文案的撰写，也预留出其他时间；有的员工却选择集中在每个月的最后几天突击完成，前面的大部分时间并没有花费在撰写文案上。

通过一段时间的观察，领导发现选择第二种工作方式的员工，其大部分文案质量欠佳，为了让员工明白按时按量工作的好处，企业开发了相关课程。一方面，指出按时完成任务的员工不仅文案质量高，整个工作流程也比较轻松不慌乱；另一方面，月底冲刺式完成工作任务容易打乱自己的工作节奏，会出现手忙脚乱的情况。虽然选择冲刺式完成工作的人员中也有人能撰写出非常出色的文案，但屈指可数。因此，通过培训希望受训员工能够接受按时按量完成任务的工作方式。

　　内训师设计培训内容可以选择的结构方式有很多，不同方式有各自的特点与优势，重点在于适配度。采用合适的结构方式是为呈现培训课程的基本框架，而框架是整个培训课程的核心，可以看得出来结构分析的重要性及关键程度。课程开发的结构分析通透程度决定了最终开发出的课程质量，明确不同培训内容设计得合理与否，充分进行课程开发的结构分析，一定程度上减少了课程内容需要改进的次数，大大降低了开发课程所需要的成本投入，也提高了高质量课程开发的成功率，从而能够更高效率地达到课程开发的目的。

第六章

完善课程开发内容

通常可以将课程培训内容分为隐性知识和显性知识，同时，课程内容不是一开始就存在的，需要经过一点一点的开发、分析、筛选及归纳，才可以汇集成最终的培训内容。设计课程内容是前期任务，通过优化而确定的内容才是最终呈现的课程。

第一节　显性知识与隐性知识

内训师开展课程开发工作，决定课程培训活动质量的关键环节是内容的开发与设计，之所以能够设计出实际可行的培训内容，是因为课程开发人员看重课程来源，做到了针对需求设计内容。一门质量合格的培训课程，其内部所包含的内容一定是充实饱满的，设置的培训内容不仅需要看得到，也需要感受得到。"看得到"很容易理解，就是培训知识是可以用肉眼看到的，即用我们最熟悉的教材、课件等事物展现内容。与"看得到"相比，"感受得到"的意义更为深奥，也就是让学员感受到收获了知识、提高了自身能力，这不需要通过事物传达，却依旧存在甚至贯穿于整个培训过程。所谓"看得到"的培训内容就是显性知识，而"感受得到"的培训内容则是隐性知识，将两种定义相反、内容相同的知识结合起来，内训师才可以开发出符合需求的高质量培训课程，这就是进行"轻开发"的益处。

一、显性知识输出

显性知识是企业培训课程的主要内容，无论是获取还是传播，都可以通过直观的方式展开，可以通过言语、教材、视频等编码方式传播，也可以通过口口相传、纸质资料、媒体文件等方式获取。显性知识是正式的、系统化的，能够很容易以各种存在形式展现与传达，可以采用科学的方法交流与分享。同样，这种形式的知识也很容易被记录和保存，大部分内容可以被完整地传递下去。

（一）显性知识的含义

显性知识也称为"明晰知识"或"编码知识"，从字面上理解是显露于外表的知识。所谓显性知识，是指能够被明确表达的知识，可以通过一些外显形式与媒介途径传播与获取。从企业培训课程的角度来说，显性知识就是可以通过文字和数据表达出来的理念，容易被整合着传播，并且经过编辑、重组、整理等过程也很容易总结出原则与规律。

（二）显性知识的特点

显性知识可以通过编码和数据进行表述，它是一种容易展示和学习的培训内容，通过对这种形式的研究与分析，我们可以将其特点总结归纳为以下四点：

1. 明晰性

企业培训课程的内容中有很多显性知识由隐性知识转化而来，在转化的过程中，内训师将需要被转化的隐性知识总结以后，展现于文件或者图片中，再经过后续的整理、修正，合成清晰明了的内容，起到培训提高员工相应能力的作用。

某信息中介公司的主要业务项目是协助甲方公司进行客户沟通工作，之前的主要途径是线下联系并拜访客户，了解不同客户的服务需要。随着信息技术的发展，同行业内的其他公司都开拓了线上客服形式，并且效果颇佳，与这些公司的绩效对比，该公司明显落后很多。对此，很多与之合作的甲方公司纷纷表示出终止合作的意向。

为了保证在行业内能够站稳脚跟，维护与原有合作方的关系，该公司决定拓展线上客服的工作形式，这使得内部员工都面临着很大的考验。在所有员工都处于同一起跑线的情况下，不同员工适应新工作任务的速度不同，其中员工小杨的表现最为突出。经过访谈与询问了解到，小杨有自己独特的服务理念和观念。为了帮助其他员工尽快进入工作状态，企业决定将小杨对工作的理解整合为显性的培训知识。在一系列的课程开发与培训实施后，越来越多员工的服务效能有了明显提升。对于这一结果，公司与小杨都很开心。

2. 共享性

与隐性知识相比，显性知识的主要特征在于"显"，伴随着隐性知识向显性知识的转化，接收培训知识的主体也发生了变化。隐性知识的个性化特征明显，独属于个人，当某个个体的知识被发掘并得到肯定后，企业会考虑将这些知识传达给更多的员工，也就是通过培训手段"转隐为显"，将被转化成外显形式的培训知识共享出来，也是培训的目的所在。

有一位优秀的老中医，随着年龄越来越大感觉自己的思考能力与动手能力都有所下降，为了能够后继有人，他希望自己的四个儿子可以将自己的毕生所学全部理解与消化。中医讲究"望、闻、问、切"，由于每个儿子的能力有限，所以老中医只能一人传授一种技艺。老大眼睛敏锐，老中医传授其"望"艺，老大展示出来明显的天赋，通常只需一眼便可以透过病人肤色探明病情；老二听觉敏锐，老中医传授其"闻"艺，他便能通过听声音判断很多病情；老三心思细腻，老中医传授其"问"艺，通过询问与思考，老三也可以掌握病人病情；老四刻苦努力，老中医传授其"切"艺，在不断地学习与摸索后，老四便可以通过摸脉知晓病因。

四人自认为学有所成，于是决定自立门户，立志将父亲的医术发扬光大，结果没过多久他们就遇到了属于各自的难题。

一名皮肤黝黑的人找到老大看病，老大无法通过其肤色看出病情。

一名不愿意说话的病人找到老二，老二也无法听出对方的实际病因。

一名表述不清的人找到老三，老三无法获得问题的答案而不知详情；

一名特别胖的人找到老四，老四无法通过脉搏判断病因。

面对难题，四个儿子不得不回家请教父亲。了解到实情后，老中医痛心疾首，觉得自己的一身本领没有人能继承了。一位亲友不忍看到老人难过，提出了一个解决办法，他建议老中医的四个儿子将彼此所学分享出来，并将"望、闻、问、切"四门技艺总结归纳成一本全面的医书，人手一本以应对不可控的情况。通过技艺共享，并将医学知识显性化，使得这四个儿子都成了远近闻名的医生。

3. 可观性

显性知识可以通过各种外显介质表达出来，不同于隐性知识的难以言表、不易展现，它具有很强烈的可观性，通过将所需培训目标整理总结成显现度高的显性资料，让课程讲授者明白需要讲述的内容是什么，也能够让课程受训者知道需要理解的知识有哪些。

某外贸公司的规模不断扩大，随着客户群体的增加，企业内部负责礼仪接待工作的各位员工所需具备的能力也越来越多，由于不同国家的社交礼仪不同，为了更好地服务客户，礼仪接待人员就需要学习更多的知识。企业为此实施了专门的培训，本来是希望课程讲授者可以慢慢地教会员工更多的礼仪知识内容，但是随着新内容的输出，学过的内容很快又被遗忘，并且礼仪动作难以通过文字保留，企业便决定采用视频方式记录。在每次的培训过程中安排专人进行拍摄记录，并将这些照片展示在生活墙上，使得原来只能凭借记忆记住的礼仪动作，可以更直观地展现出来，也帮助受训员工不断地巩固所学知识，通过一次次的视觉强化，员工们的礼仪举止有了明显进步。

4. 传递性

之所以要把培训内容整合为显性知识，就是为了将培训要点传达下去。可以选择利用语言或者文字的形式展现出来，也可以依靠信息技术与媒体。科技发展为知识的传播提供了更多途径，既可以使用传统手段传播知识，也可以利用各种媒体使知识在网络间传播。

阿芜是一位剪纸能手，一张简单的纸可以在她的手上显现出不同形态的变化。剪纸作为非物质文化遗产，其中剪窗花的创作难度更高，能够熟练掌握这门技艺的人很少。阿芜一直想将自己的剪纸技艺传授给他人，可尽管她不断讲解，也只是教会了身边部分有天赋的人。为了能够更大范围地传授技艺，她决定将自己关于剪纸中的"对称""个性""美观"等理念用文字记录下来，并将文本大量打印出来，分发给周围需要的人。阿芜把自己内在的隐性知识通过外显的方式记录下来，并且借助显性知识的"传递性"让更多的人了解剪纸的魅力，也为更多想要学习这项技艺的人提供了机会。

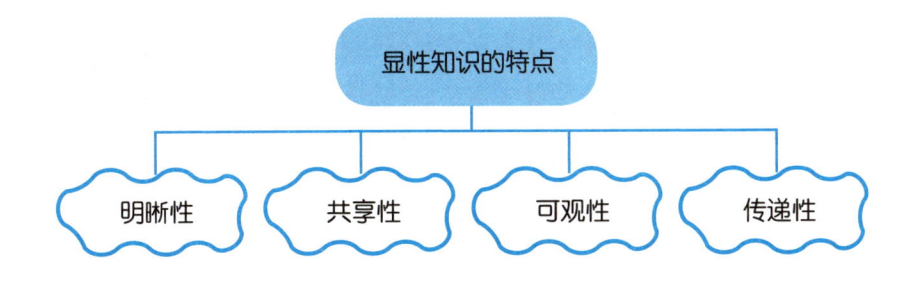

图 6-1 显性知识的特点

二、隐性知识输出

隐性知识是企业培训课程中的必要内容，这些知识传达的途径主要有两个，一个是在设计内容的时候将其转化为显性知识，另一个是依靠员工的自我领悟能力感悟潜在的隐性知识。如果说显性知识是为了提高受训员工的职业能力和专业技能，那么隐性知识就是为了促进员工实现个性化的发展。比起显性知识的直观可视，隐性知识虽然偏于"含蓄"，但是我们并不能否认它的存在与作用。

（一）隐性知识的含义

隐性知识是存在于个人思想中或者企业内部尚未被开发出来，却有待表达的技能与知识，这种形式的知识没有实物形态，却贯穿于企业培训活动与日常工作的全过程。就像我们常说的微生物、微量元素等，这些小分子、小颗粒的物质看不见、摸不着，却实实在在地存在于每一个角落。同样，培训课程的中的隐性知识也真实存在于日常工作中，能够为员工的工作行为赋予相应的能力。

隐性知识的形态虽然模糊不定，却是真实存在的，比如对于一名广告海报设计人员来说，要设计出消费者评价高、吸引力强的画面与元素，具备绘画能力是必须的，而要想制作出亮眼的作品，则更多依靠设计人员的个人创意与独特审美。其中，个人创意和独特审美便是设计人员具备的隐性知识，这些特征是独属于设计者本身的，很难表达出来。能够设计出优秀作品的人总会说自己是"凭感觉"，这不是敷衍的言辞，而是员工具备隐性知识的证明。

企业内部常出现这样一种现象，同样的工作交给不同员工，完成质量会有所差别，有的员工只能稳定完成，达到基本符合要求的水平；有的员工却能够利用自己的理解与技巧快速完成，并且还可以提出新颖的工作创意。能够高质量快速度完成工作任务的员工，一定有自己突出的优势，有可能是以前有相似的工作经验，也有可能是自身的职业理解、洞察能力等比较强，不管是单一的某项技能，还是各项技能的组合，这些都是独属于员工的隐性知识。

员工的隐性知识与自己的工作岗位适配性很高，虽然企业的培训活动主要依靠显性知识的输出，但对于具备隐性知识的员工，企业也应该给予足够的关注。通过对企业日常工作的观察与分析，内训师发现大部分的高价值隐性知识往往来源于优秀的员工，越是优秀的员工，其具备的隐性知识的质量越高。为了能够很好地将员工的隐性知识收集总结起来，企业就需要关注人员流动问题。对隐性知识的转化只是关键的第一步，从个人特征上升到企业发展层面，才是关注隐性知识的重要目的。

（二）隐性知识的特点

从企业培训课程的角度出发，隐性知识更多存在于员工的脑海之中。隐性知识是经过长期的实践与总结，具有独特风格的培训内容，隐性知识不易被言语表达，也不易被他人学习。隐性知识的特征极其多样化，目前分析出来的特点主要有个体性、稳定性、相对性、偶然性、文化性和非理性。

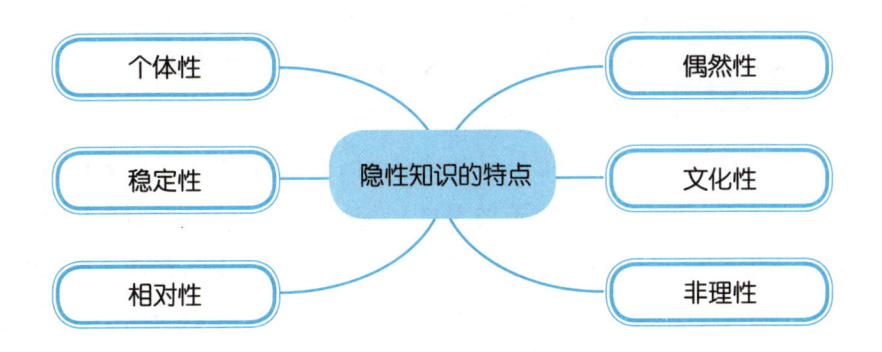

图 6-2　隐性知识的特点

1. 个体性

隐性知识不能实物化地表达出来，它基本上存在于拥有者的思想中，存在于对本职工作的深刻理解中，属于个体所有物，但是不能表达并不代表不能传递，隐性知识也可以通过合适的途径从一个个体传递至另一个个体。个体性限制了隐性知识的传递范围，同时也保证了所传递知识的一致性。因为隐性知识对讲授者的表达能力和受训者的理解能力要求更高，所以不容易出现因理解偏差而导致的千差万别。

2. 稳定性

相较于显性知识，隐性知识可变更的空间更少，它通常是在一定的环境内，受某些代表性事件的影响逐渐产生和凝聚出来，形成的过程较为漫长。经过了一层层考验而确定，所以不宜再受外界因素的影响。隐性知识在潜移默化中形成，形成的过程也是慢慢渗透到脑海中，企业员工使用这类知识的行为都是潜意识的，接近于个人的行为习惯，而对习惯的更改是很难实现的目标。

3. 相对性

隐性知识的相对性分为两种，一种是应用条件的相对性，另一种是拥有个体的相对性。从应用条件角度讲，随着隐性知识应用范围与领域的改变，可能在一定的情况下，可以转化为显性知识并传递下去；从拥有个体的角度讲，不同的个体对知识的理解程度不同、处理方式不同，有些人视为隐性知识的内容可能对于另一部分人来说是显性可观的知识。

4. 偶然性

隐性知识的产生不能保证，就如同对于同样一件事情，有的人在思考过后可以产生自己的理解，而有的人却无法透过现象看本质。对事物的理解与看法是自发且自由的，不能通过外力进行过多的干预。形成隐性知识需要过程，这个过程的时间长短因人而异，所以部分员工拥有属于自己的知识理解是偶然的、随意的，这就是隐性知识的偶然性。

5. 文化性

隐性知识更需要企业员工具有很深的文化底蕴，不同于显性知识的外显与易接收特征。隐性知识虽然可以被传递，但是仍然需要耗费大量的时间及精力，隐性知识的产生更多的是依靠企业员工的个人领悟能力。面对工作上的难题，能够有自己独特的解决办法，就需要员工合理地运用自己的知识储备总结出解决方案，这就更需要员工具有全面的知识体系。

6. 非理性

隐性知识的情感性比较强烈，而显性知识需要有一个"逻辑推理"的过程，具有很清晰的逻辑。隐性知识需要通过企业员工的感觉与领悟获取，不需要经过逻辑分析与理论推导，所以具有非理性的特点。由于不同个体的思维模式不同，所以不能按照统一的标准进行评判。

（三）隐性知识的分类

隐性知识主要分为技能类和认知类两种，技能类包括难以表达和言喻的经验、技巧等，比如不同的设计人员设计的封面样式不同；认知类包括个体的观察力、价值观、团队默契等，比如对于同样的一件事情，不同个体对该事件的正确与错误有不同的评判标准。就企业培训课程内部的隐性知识分类而言，可以分为易转化的隐性知识和不易转化的隐性知识。在一定条件下，部分隐性知识可以显性化，也有些隐性知识无论处于什么条件下都无法被转化。正确地辨别出哪些隐性知识能够被转化，可以有效地节省时间和精力。

三、显性知识与隐性知识的相互转化

了解多数企业的培训计划后，可以知道在培训课程中占据大部分的是显性知识，隐性知识不仅占比少，而且大多数存在于员工的头脑中。但是，解决工作中的问题需要隐性知识和显性知识的相辅相成。如果想要让员工的工作能力维持在稳定的水平，培训活动中的隐性知识和显性知识分布应该是均衡的，两种形式的知识应得到同等的重视。

（一）显性知识和隐性知识的转化模型

隐性知识的形成主要依靠主观的经验与理解，不容易被表达出来，显性知识则很容易被组织成实物形态以表达与传递。日本国立一桥大学教授野中郁次郎（Ikujuro Nonaka）强调隐性知识与显性知识并重，他认为隐性知识是高度个人化的知识，很难规范化，不易传递给他人，主要蕴含于个体的经验中。经过深度分析与理解，野中郁次郎提出了关于显性知识和隐性知识的转化模型——SECI 模型。

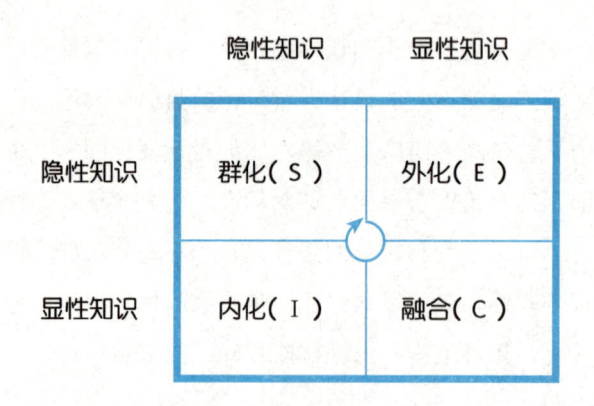

	隐性知识	显性知识
隐性知识	群化（S）	外化（E）
显性知识	内化（I）	融合（C）

图 6-3　显性知识和隐性知识的转化模型

1. "S"——群化过程

SECI 模型中的"S（Socialization）"是指群化过程，是显性知识转化为隐性知识的过程，通过共享经验与想法传递知识信息，使得接收方产生属于自己的理解。我们最常见的师徒传授就是群化的表现，讲授方分享自己的经验与见解，受训者在接收的同时也受自身主观意识的影响，从而可以形成不同于讲授方的类似意会。群化过程看似是个体间的经验传授，实质是随着一次次知识的传递，一个人的隐性知识会不断得到不同程度上的传递，也就扩大了自身所具备隐性知识的应用范围。

2."E"——外化过程

SECI 模型中的"E（Externalization）"是指外化过程，是隐性知识表达为显性知识的过程，采取一定的手段或方法将自己的隐性知识组织成他人能够理解的显性内容。隐性知识外化是企业培训过程中经常使用的方式，旨在通过不同员工的能力储备促进更多员工的进步，常用的转化方式有比喻、假设、情景体会等，比如"压力之于员工，就像风之于火，助力坚定的，熄灭脆弱的"，这句话明确地表达出适当的压力对员工的作用，员工要想破浪乘风，就必须不断磨炼自己的意志，要有迎难而上的勇气与魄力。

3."C"——融合过程

SECI 模型中的"C（Combination）"是指融合过程，是显性知识通过组合而形成新的显性知识的过程。通常分为两种情况，一种是零散知识的整合，另一种是多种知识的混合重组。个人知识只能促进个人效率的提高，以及小范围地影响他人效率，将个人知识整合起来可以形成全面的组合知识，对集体的工作效率能起到很大的促进作用。一个人的见解受经验、能力的限制，而一群人的智慧则很少有上限。很多时候，个人的知识不一定适应自己的工作任务，可以与其他人员交换看法并汲取优质知识，经过筛选、学习和融合，形成最适合自身工作职责的知识体系。

4."I"——内化过程

SECI 模型中的"I（Internalization）"是指内化过程，是把显性知识转化为隐性知识的过程，将知识表达出来是开发培训课程的初步准备工作，最终要实现的目的是让企业员工将所学知识转化为个人隐性知识并运用。企业课程的培训内容中被清晰表达出来的知识在培训过程中进行传播，员工接收培训知识后加上自己的理解并运用到工作中去，在此过程中也会创造出新的隐性知识。

（二）隐性知识转化的障碍与模型分析

波兰尼表示："我们所知道的多于我们所讲述的。"这句话充分地体现出隐性知识的难表达性，并不是不想表达或不愿分享，而是无法或者难以表述。比起显性知识的转化，隐性知识转化的难度明显更高，会面临着诸多障碍。从个人与组织的角度出发，可以分为个人、组织及个人与组织层面的障碍。个人层面的障碍主要表现在个人的各项能力上；组织层面的障碍主要表现为组织的各项规定上；个人与组织层面的障碍表现为个人在组织内部的利益取舍上。

上述内容所介绍的 SECI 模型比较详细地分析了个人与组织的障碍及分析模型，下面着重介绍个人和组织两个层面的障碍及转化模型。

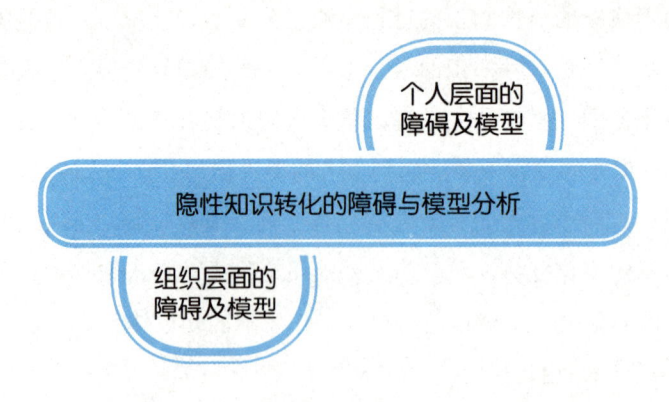

图 6-4　隐性知识转化的障碍与模型分析

1. 个人层面的障碍及模型

个人层面隐性知识转化的障碍主要有个人主观影响、个人理解能力、对隐性知识的认知和个人所处环境。

个人主观影响是指不同个体的思想与爱好不同，对隐性知识的接收与传递有选择的权利，可以根据自己的主观想法选择是否接收与分享；

个人理解能力是指每个员工的能力基础和学习能力不同，所以对隐性知识的表述与理解程度也会有所区别；

对隐性知识的认知是指有的人并不能准确地分辨出隐性知识和显性知识，如果出现忽略隐性知识的情况，就会影响知识传递与接收效率；

个人所处环境是指工作环境也会影响员工的分享意愿，比如身处一个内部不良竞争激烈的工作环境中，员工分享自己的隐性知识后有可能得不到他人分享的结果，这样就等同于分享知识加快了自身被淘汰的概率。

对于企业员工个体而言，学习是获取隐性知识和显性知识的途径，由于隐性知识的转化过程很精细，目前还没有专门的转化模型，但是通过不断的摸索与分析，以下三种方法可以实现隐性知识的转化。

(1) 顿悟理解

隐性知识的形成具有很大的偶然性，原有的知识积累可以加快个体顿悟理解的速度，可以从已知的隐性知识中筛选有用内容，经过组合形成完整优质的新知识。

(2) 师徒传授

师徒传授是隐性知识转化常用的方法，这里的师徒并不强调两者的关系，而是注重双方所担任的角色，侧重于讲授者对受训者的讲解与传递，也包括受训员工观察讲授者的行为表现而获取知识。当然，身份定位准确的正规教学同样可以传递隐性知识。

(3) 机械记忆

隐性知识认知过程的首要任务不是理解和运用，而是记忆，只有记住了知识内容，才可以进行自我理解和实际运用。我们可以通过模拟情景加深员工对隐性知识所应用范围的记忆，也可以规定出一个完整的程序，员工按照流程回顾所学知识的同时也加深了记忆理解。

2. 组织层面的障碍及模型

组织层面的隐性知识转化主要体现于组织学习过程中，组织学习是提高组织整体能力的主要途径。从企业内部培训与学习角度来看，组织学习可以分为单循环学习、双循环学习和再学习。

（1）单循环学习

单循环学习是指获取知识达到运用知识解决问题的目的，学习知识是为了一次性制定决策，帮助企业解决问题。

（2）双循环学习

双循环学习是指在运用知识解决问题后还设有反馈环节，评估呈现结果与预期目标之间的差距，重点在于分析决策过程中存在的错误，并加以改进。

（3）再学习

再学习是指提高学习能力，也就是获取制定决策的能力，解决问题是一个小目标，具有解决问题的能力才是总目标。

以组织为整体进行学习，需要经过四个阶段，依次为：发现—发明—执行—推广。"发现"是指分析企业的现状，发现现有问题；"发明"是指在已发现问题的基础上制定方案以解决现存问题；"执行"是指落实已经作出的决策，制定实施方案以解决问题；"推广"是指解决问题的决策有固定的模板，其中的理念也可以应用到其他地方，成为"参考性方案"。

隐性知识和显性知识是企业开展培训活动的主要传递内容，显性知识的传递依靠教材、课件等看得见的介质，而隐性知识的传递主要依靠个体之间的意识与领悟能力。

相比于显性知识，隐性知识的传递与转化更具难度，但是并不意味着不能传递和转化，不同类型的隐性知识有自己的传递方式和转化模型，这就需要培训课程开发人员以及培训活动参与人员的共同思考。显性知识容易表达与传递，隐性知识与之相反。相应的，显性知识也容易浮于表面，有不少人简单地认为记录下培训内容就是掌握了，结果到需要用的时候才发现无从下手，即便当时掌握了也会因为理解不深而逐渐遗忘。隐性知识则与之相反，员工要想掌握隐性知识，就必须将其理解并形成深刻记忆，这个过程也是内化知识的一个步骤，这样在运用的时候也更加得心应手。

第二节　课程内容的从无到有

企业的发展与进步离不开内部员工的能力支持，企业要想获得更好的效益，可以从提高员工能力出发。为了促进员工能力提升，实施培训活动是最常用且有效的手段之一。企业培训活动的开展需要有培训内容、培训计划的支撑，这些因素都会综合地存在于培训课程之中，所以我们可以认为，开展培训课程是提高企业员工能力的基础工作。在开发培训课程的过程中，设计培训内容是承上启下的环节，在此之前的工作是确定课程框架为设计培训内容打好基础，在此之后的工作是根据已经确定的培训内容选取合适的授课培训工具。根据工作的先后顺序，内训师设计培训内容需要考虑的因素是框架，有了框架才知道要设计的内容范围，大有"目的地确定了，才知道往哪个方向走"的意思。

一、有框架无内容

框架就是设计好的包装内容，根据不同部分的框架主题设计内容，可以节省筛选、过滤等流程花费的时间及精力。比起设计内容，框架的确定更加复杂，在已确定的框架里添加适配内容，便可以基本上完成课程开发的主要工作。课程框架的存在等同于房屋构架，日常生活中很多人会按照自我喜好设计房屋内部的布局与风格，这里的"框架"就给其提供了发挥的空间，如果没有这个"框架"，在设计房屋、优化风格之前还需要一砖一瓦地建房子，此时工作量就会增加。总的来说，课程框架可以为培训内容的设计规定范围，从而减轻后续的工作压力。

（一）为什么要先有框架

没有框架就无法设计出系统精准的培训内容，即使花费精力设计出内容，可能也是混乱的。因此，在课程开发过程中，有框架无内容证明开发工作到达了一定的进度，但是无框架有内容则是错误的开发流程。课程开发应先有框架再有内容就如同想要种植庄稼获得收成，首先需要拥有属于自己的田地。内训师想要根据需要设计内容，就需要先确立框架，课程框架的作用是双方面的，一方面具有限制作用，可明确地规定课程内容的选取范围；另一方面发挥便利作用，可以加快培训内容的设计速度。

（二）课程框架案例分析

课程结构的内容主要分为章、节和知识点三个层级，其中的"章"和"节"属于框架内容，"知识点"包括概括和细化两个部分，概括部分也属于框架内容，细化部分则是培训内容。课程框架和内容都按照清晰的逻辑主线来走，形式上的逻辑依靠"章"和"节"来体现，"知识点"可以表明清晰的内容逻辑，这里的逻辑起到了辅助作用。

某企业想要提高内部员工之间友好沟通能力，内训师经过对员工的分析与了解后，决定开发《非暴力沟通》课程，这门课程是按照"What-Why-How"的逻辑主线设计的框架，具体如下：

第一章　非暴力沟通
　　第一节　非暴力沟通的概念
　　第二节　非暴力沟通的作用
第二章　非暴力沟通的关键原则
　　第一节　非暴力沟通第一原则——事实与观点
　　第二节　非暴力沟通第二原则——感受与想法
　　第三节　非暴力沟通第三原则——需要与感受
　　第四节　非暴力沟通第四原则——请求与命令
第三章　非暴力沟通的应用
　　第一节　三段式沟通
　　第二节　表达愤怒
　　第三节　表达感激

上述案例是一个典型的兼顾全面的课程框架，这样的框架确定出来后，即使还未设计内容，就已经很清晰地展示出大概的培训方向、培训目标和培训计划。只要有了合理的框架，就无须担忧没有适合的内容。在框架的支撑下，内训师可以更轻松地设计相应内容。

二、有框架有内容

在框架确定的情况下，内训师需要设计相应的内容。内容设计环节是一个不断试错的环节，很少能够一次性成功。课程框架按照逻辑主线确定，课程内容也要遵循一定的逻辑，但是在初步设计培训内容的时候可以不用太多地关注逻辑，首要任务是根据框架把基础内容填充完整。"有内容"与"优内容"是两个不同的概念，"有内容"是指在确定了课程框架后，内训师将选取内容放进去，并没有考虑适配性，只要存在关联性都可以作为备选内容;"优内容"则是筛选出相关内容后,从中再次进行筛选,从而达到对已有内容进行完善和优化的目的。这项工作在后面会有专门的介绍,因为不强调内容的优质程度,所以逻辑存在的意义在于辅助设计,而不是强化维持。

(一)内容为主

以设计内容为主,是为了在一种知识内容中确定符合框架要求的培训知识,这个范围只能大于培训范围,而不能小于培训范围。因为超出部分可以削减,缺少部分却很难补全。我们可以将最终的培训内容视为分子,把本阶段所选取的内容范围视为分母,当分母无限接近于分子的时候,内训师的优化工作难度会随之降低。每一环节的工作都有相应的作用,初步确定内容范围的目的是让培训内容更加全面且不多余。

(二)逻辑为辅

本环节的主要工作是确定内容选取范围,对逻辑的要求不是很高,此时更多关注的是所涉及内容的逻辑是否正确、前后是否一致。确定的内容应该具有观点正确、目标一致的特点,并不是有所关联就可以成为备选内容,必须符合逻辑规律。

员工小王和小刘都是乐于分享情绪的人,不同的是小王乐于分享自己开心的事,而小刘则是经常分享自己的悲观情绪。时间久了,小刘身边的同事多多少少都受其影响而导致工作兴致不高。该企业为了改善这种情况,决定开发相关课程,让员工意识到自己分享不良情绪时会给他人造成不好的影响。内训师在课程框架中确定了关于情绪分享的内容,在选取知识范围的时候,相关内容主要有:情绪分享的利与弊、应该分享的情绪、不应该分享的情绪。

在进一步完善内容的时候,"不应该分享的情绪"相关内容就不适合被考虑在内,因为它与"应该分享的情绪"主题内容相悖,且违背了正确的逻辑思维。

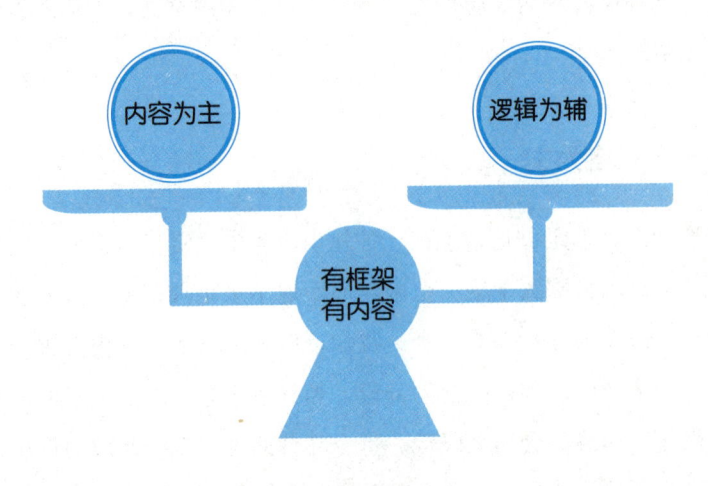

图 6-5 课程框架设计

课程内容从无到有本来就是一个很大的突破过程,设计培训内容不可心急,要适当地留出更正的空间,首要任务是提供可测试和改进的内容,所以要保证有内容。实现课程内容从无到有可以分为两个环节,即有框架无内容和有框架有内容。第一,在有框架无内容阶段,框架被视为内容设计的支撑,这个框架是成功开发完整课程的大纲,表明课程开发工作已经进入框架确定与内容制定的中间环节。第二,在有框架有内容阶段,框架支撑内容,内容填充在框架之中,所选取的课程内容需存在科学合理的逻辑关系,既符合培训目标,属于培训范围,又保持前后内容观点一致,此时可证明课程开发工作正式进入内容制定环节。

第三节　课程内容的从有到优

内容是课程的主要部分，有了实际内容的存在，培训活动才能够实施下去。但是只满足"有内容"的需求并不够，还需要不断优化培训内容。课程开发需要按照清晰的顺序进行，一般是确定培训方向、设定课程框架、制定培训内容、选定授课工具，虽然要按顺序进行，但并不是不能重复，尤其是框架与内容的顺序也会发生变更。开发一门合格的培训课程，需要先确定框架，后设计内容，而在内容设计环节可能会发现框架方面存在各种各样的小问题，既然发现问题就不能视而不见，在填充内容的同时就要适当改变框架。各项工作任务的不断改动就是培训课程的优化过程。很少有人能够一次性开发出最优课程，课程质量的提高依赖于框架与内容的不断调整与完善。

一、从显性知识到隐性知识的填充

了解课程内容优化的重要性后，内训师迫切地想要分析出优化过程中关键的任务项目是什么，培训课程的内容输出中能够被清晰表达出来的只有显性知识，这并不代表隐性知识无须融入培训当中，而是需要将隐性知识转化为显性知识进行输出。隐性知识与显性知识一样重要，同样具有开发价值。例如设计人员的创意与想法更依赖于他们自己具备的隐性知识。通常情况下，越偏于技巧和技术方面的工作，隐性知识的作用占比越大，如何发掘和应用隐性知识是企业培训课程开发过程中的关键环节，也是诸多企业想要实现更大跨度发展所需要解决的问题。因此，内训师要注重从显性知识到隐性知识的填充。

（一）隐性知识显性化的好处

将隐性知识显性化，无论是对个人还是对企业都有很大益处。个人需要成长，企业需要发展，这些都需要员工的能力提升和技能支持，仅仅依靠看得见的显性知识实施培训，员工的职业能力提升总会有抵达上限的一天，但是隐性知识是无限的，那么对不同个体所储备的隐性知识开发的工作也就没有止境。

图 6-6　隐性知识显性化的好处

1. 对个人的好处

对于个人而言，将隐性知识显性化后就有机会学习到其他人的工作技巧与方法，将其与自己的工作方法结合产生新的隐性知识。虽然个体将属于自己的隐性知识分享出去后，会面临因他人能力提高而威胁自身地位的情况，但是从长远的角度来看，这种分享是利大于弊的。隐性知识显性化伴随着自身知识的分享，但是在个人分享出单份知识后，将有机会汲取到不同个体的隐性知识。对比知识输出与输入总和，就是收获总比付出要多。

2. 对企业的好处

对于企业而言，不同员工的智慧总和就是企业的发展潜力，对企业发展最有推动作用的就是员工在工作过程中积攒的经验、总结的技巧等。将员工的隐性知识显性化首先需要发掘员工潜力，与此同时，企业会对员工的能力作出更加清晰的评判，从而可以更加合理地安排工作。通过将隐性知识显性化，还可以保证在员工离职后知识依旧可以保留下来，可以成为企业发展的长久助力；同时，随着员工数量的增加，企业所能挖掘出的隐性知识就会越多，在对员工的培训上就更有内容可选，因而能够促进整体的培训效率。

（二）隐性知识显性化的方法

将隐性知识显性化的方法有很多种，可以从实际情景、日常社交和工作内容三个方面总结归纳出相应的办法，实际情景类方法有工作总结法和问题事件法；日常社交类方法有线上社区、内部演讲和知识问答；工作内容类方法有任务梳理法和职能梳理法。

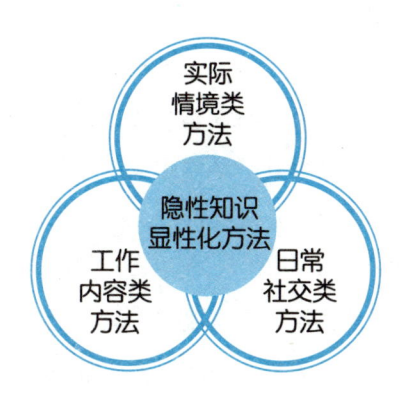

图 6-7　隐性知识显性化的方法

1. 实际情景类方法

企业的工作分类一般有重复工作和突发工作。重复工作方面，针对岗位特征，不同岗位的员工所负责的工作任务在很长时间内不会出现变动，但个人工作方法与态度可能会有所变化，可以进行定期工作总结以掌握变化情况，这就是工作总结法；突发工作是指员工经常会遇到一些难以解决的问题，需要通过自己的知识储备与技巧搭配进行处理，此时，可以实时关注员工处理问题的进度，这就是问题事件法。

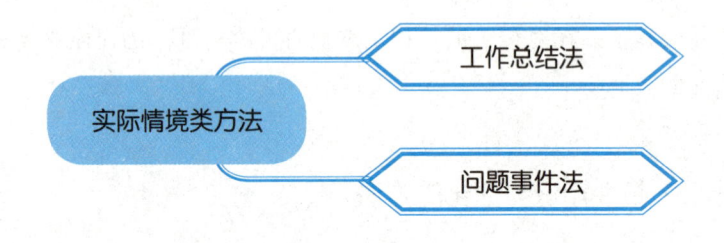

图 6-8　实际情景类方法

（1）工作总结法

通过定期对员工工作状态、工作方式进行总结与观察，发现其中问题，提出化解办法，这就是隐性知识显性化的过程。工作总结是对内容的总结，其中包含了很多关键信息，但是寻找关键信息并不是简单工作，可以在工作总结的同时记录概要，并且要有逻辑与顺序，可以按照"问题—分析—策略"的顺序进行记录，按照这个顺序记录的事件与实际行为相差无几，能够保证所转化的隐性知识具备真的价值。

（2）问题事件法

在企业中，总会出现预想不到却需要紧急处理的问题，当这些问题出现时，表现优秀的员工的应急能力与应对态度就属于未开发的隐性知识。企业应该关注这类事件的发生与解决。一方面可以从第三方角度控制问题的不良影响范围；另一方面能够及时发现员工隐性知识的价值含量，并对员工的隐性知识进行分析，客观地将其转化为显性知识。

某公司主要提供线上咨询服务，为了能够吸引与维持客户关系，该公司搭建了自己的网站，因此需要成立网站开发与维护部门。对于负责维护工作的人员，企业要求其对每一次的网站突发问题做好记录，并把自己解决与维护过程中的每一个细节都做好清晰的说明。如果在维护工作结束后员工不能提供自己的特殊事件应对记录，就需要进行行为复盘，重新回顾工作历程并提交决策方案。只有将工作记录提交才算维护项目的真正完成，这样就使得各位技术人员的隐性知识逐渐汇聚和沉淀到企业知识库存中。

2. 日常社交类方法

日常社交对于企业外部人员来说可能是生活经历的分享，但是存在于企业内部的社交更多地集中在知识及技能的交流与分享上。企业可以为员工提供广阔的交流平台，让对方在相对自然的状态下自愿地分享自己的隐性知识，即通过互动传递知识。日常社交类方法分为三种，即线上社区、内部演讲和知识问答。

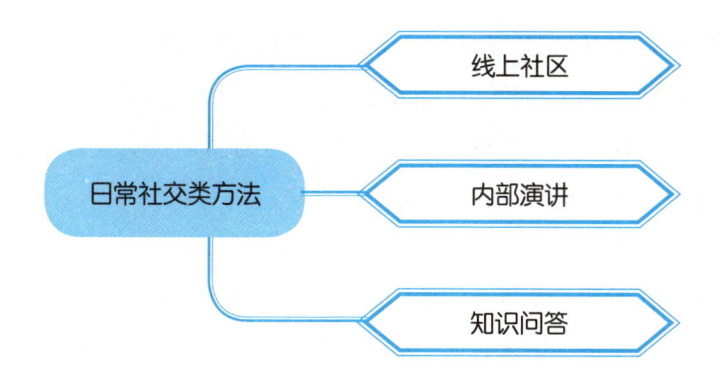

图 6-9　日常社交类方法

（1）线上社区

现如今，有很多线上交流平台为各行业的人才提供了互动交流的机会，这些平台设有不同的板块，员工可以在自己熟悉的板块内积极发表自己的知识见解，这是一种与企业相关却独立于企业的非正式交流途径。为了改善员工的工作状态，提高员工的工作效率，企业可以安排专门的研究人员筛选并推荐平台给员工，鼓励他们勇敢地表现自己。

（2）内部演讲

在企业内部，演讲活动的主要开展形式为"上对下"，即领导演讲与讲解，员工倾听和接收，这样的活动在条件允许的情况下，也可以在员工之间实施。通过内部演讲，让优秀员工作为演讲人员向其他员工分享自己的经验及技巧，其他员工也可以近距离地感受到优秀员工的能力突出之处并加以学习。开展演讲活动需要演讲人员做好充分准备，可以通过演讲稿、PPT课件等相关资料帮助其他人更好地理解所讲内容，企业可以将这些材料保存下来，使之成为促进企业发展的隐性知识。

（3）知识问答

问题的提出与回答也是加深员工对知识记忆与理解的过程。知识问答是一种典型的互动式分享方式，问题的提出方可以是员工，也可以是组织管理人员等，但是问题的回答方一定是员工或者知识专家，因为问题的解决方案一定要准确和高效。在提出问题后，可以尽可能多地选取多个人员进行回答，不同人员可以有不同的解决方案，也可以在众人见解的基础上加以补充，直到总结出问题的最优解决方案。

3. 工作内容类方法

不只员工渴望丰富自己的隐性知识储存，企业也希望可以整合更多的隐性知识。以企业为需求客体，整合不同员工的隐性知识就需要对员工的隐性知识进行梳理，虽然会有专门的人员可以促进隐性知识显性化，但是企业聘请专业人员的前提是自己能够提供足量的隐性知识记录用于汇总，所以它的主要任务就是梳理隐性知识。

（1）任务梳理法

以任务为切入点，按照任务的难度、类型和应用知识点进行系统的隐性知识记录就是任务梳理法。与工作任务相关的隐性知识包含的内容，主要有同一工作任务不同员工的完成效率及处理技巧，同一员工在不同时期完成同一任务的效率及方法等，根据以上内容分类建立不同的隐性知识储存文档。

（2）职能梳理法

企业内部的工作项目是相互区别的，不需要每个人掌握全面的技能知识，每个人都有各自的职能分配，对不同职能具备者的隐性知识进行记录分析就是职能梳理法。这种方法一般要记录和分析的内容，包括不同员工的职能要求、职能层级及分类、不同职能所需具备的隐性知识等，企业采用这一方法记录不同员工的隐性知识，可以实现"具体问题、具体措施"的方案汇总。

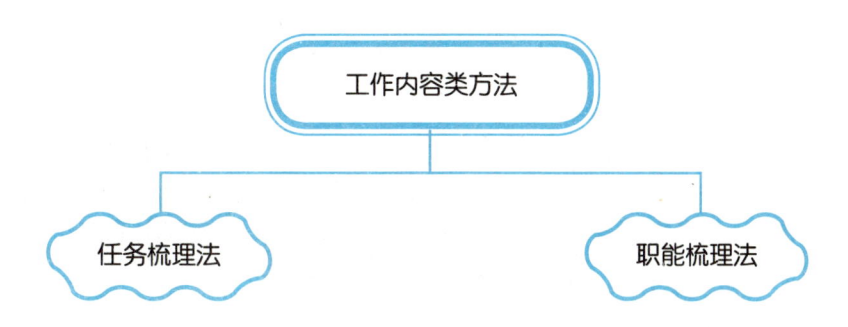

图 6-10 工作内容类方法

二、实际案例分析与理解

隐性知识在向显性知识转化的过程中，即使提出再多的方案，没有具体的实践，方案都是毫无价值的。本部分将从下面的案例中详细地介绍隐性知识是如何一步一步转化为显性知识的，包括案例列举与描述、案例事件隐性知识提炼和案例提炼前后对比。

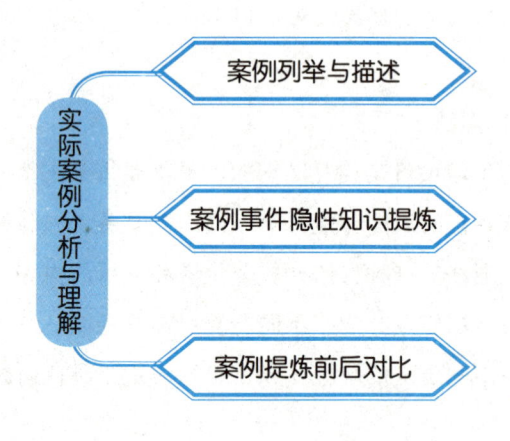

图 6-11 实际案例分析与理解

（一）案例列举与描述

以下是一个自动调温空调推销的案例萃取过程，实际案例的内容是工作人员与客户的对话，具体发生细节及流程如下：

在上门查修空调时，工作人员了解客户家里目前有两位老年人和一个留守儿童，并且在查修的过程中，他观察到客户家里摆放了许多小孩的照片。接下来发生了以下对话：

工作人员：阿姨，您家小朋友和我女儿年龄差不多，但是性格比我女儿活泼多了，她上学了吗？我女儿现在上幼儿园大班。

客户：刚上小学一年级，她爸妈在外地打工。小孩调皮，不好管呀！

工作人员：小朋友活泼点好，活泼的小孩有创造思维，肯定聪明。我家小孩偶尔也调皮，尤其是晚上不老实，总是踢被子，前段时间我给她的房间安装了一台自动调温空调，就不用担心她晚上会着凉了。

客户：对呀，小孩子嘛，都闲不住，我这个小孙女也是晚上睡觉不老实，总是踢被子，晚上我和她爷爷要轮流去她房间帮她盖被子。你说的那个自动调温空调是个什么东西哟？用来做什么的呀？

工作人员：自动调温空调是我们公司最新推出的一款智能产品，可以自动设置温度上下限，检测到室内温度低于下限会自动释放热量，高于上限则会自动释放冷气。这里有一个视频我发给您看看，先了解一下。

工作人员陪同客户观看视频。

客户：这个东西不错呦，但是我觉得我家好像用不上，我和她爷爷晚上经常起夜，多去看看小孩就行了。

工作人员：这个自动调温空调可以保证室内始终处于适合的温度，可以防止因疏忽导致小孩着凉呢。

客户：那我和家里人商量一下吧。

工作人员：阿姨，我们公司有试用项目，可以给您安装一个自动调温空调，您先感受一下它的作用。

客户：还需要安装呀，是不是要安很久啊？那你这个东西的价格是多少呢？

工作人员：不麻烦，因为它不只智能，还很便捷，是落地式的，可以直接插电使用哦。我这边安装好了您先试用下，我留下联系电话，有问题随时联系我。现在还有优惠活动，到时可以帮您申请一下。

客户：那我先用一下，到时再联系吧。

两天后，工作人员再次电话联系用户，询问用户体验感受。

工作人员：阿姨，您好，请问这个产品您试用了后，感觉怎么样？有没有什么问题？我收集一下您的意见。

客户：没什么大问题了，就是有些功能还不是很了解，你可以上门再来讲解一下吗？

工作人员：没问题的，我今天就可以过去。

通过第二次上门，用户最后决定购买自动调温空调。

对上述案例的内容进行简单的分析汇总，可以从中挖掘出工作人员在推销过程中遇到的问题、找到的突破口和最终结果。

1. 遇到的问题

（1）面对客户最初的拒绝心理，如何降低用户的防备心？

（2）从什么角度出发，又怎样引发客户的兴趣呢？

（3）客户为什么需要我们的产品？

（4）客户不是最终决策者，该如何缓解对方的犹豫心态？

2. 突破口

（1）在查修过程中得知客户的家庭情况，了解到客户家中只有老年人和小孩，通过聊自己的小孩过渡到用户家小孩的身上，和客户找到共同话题，让对方慢慢地放下戒备心。

（2）以聊小孩作为突破口，引出自己的产品，提出所售产品对小孩的好处，让用户产生兴趣。

（3）介绍产品特点及功能，通过视频展示产品细节，让客户需求与自己的产品对标。

（4）观察客户观看视频的态度与表现，介绍产品给他带来的好处或帮他解决的问题。

3. 结果

通过电话回访客户，询问客户的使用体验，并在线下近距离地详细耐心地为客户讲述产品的细节与特点。客户通过与家里人商量后决定购买自动调温空调,并表示愿意把产品分享给她的亲戚朋友。

(二)案例事件隐性知识提炼

我们可以从整个案例中看出,这位工作人员有自己的服务方式与技巧,类似于这样的情况,其实可以总结出一套利于提高工作效率的隐性知识体系,在每个环节都应该把握住具体的关键点。

1. 工作人员在上门为客户查修时应该做好的准备。

(1)准备好工具器械,规范着装,准备体验回执单。

(2)了解客户的购买记录,详细分析其需求详情。

2. 到达客户家里后,如果想要开展产品推销工作,怎样寻找突破口?

观察客户家的摆设,如书籍、电器、壁画、相框等,寻找的话题尽量从自己比较了解、客户感兴趣的方面入手。

3. 针对不同对象和场景,可以采取哪些破冰话题及具体话术?

(1)家里有小孩:可以聊小孩的兴趣班、性格特点、学习及健康等内容。

(2)家里是夫妻俩:可以聊他们的爱好、后续生活规划,也可以观察对方是否有小孩,如果有可以从小孩角度寻找话题。

(3)家里有老年人:可以聊养生或近期比较热门的新闻等。

(4)家里有年轻人:可以聊电子产品、竞技比赛、娱乐新闻等。

4. 如何判断客户是不是决策者,怎么确定客户家庭中谁是决策者?

(1)判断客户是不是决策者:可以从客户言语中发现对方是否经常提及某一位家属。

(2)判断最终决策者是谁:从客户吐露的信息中掌握家庭成员信息,之后可以较为精确地判断出决策者。

(3)怎么打动决策者:展示产品特性,突出与客户需求相匹配的产品功能，从产品优势上吸引客户兴趣。

5．哪些信息可以引出产品？

（1）兴趣：可以从客户兴趣引起话题，在客户放下防备心的同时也可以更加深入地了解客户需求。

（2）习惯：客户的诸多行为表现是习惯使然，了解客户的习惯可以拉近与对方的距离，为后续的推销工作打好基础。

（3）需求：客户需求是最需要了解的信息，只有掌握客户的需求，才能够提供针对性的推荐服务。

6．最能激发客户兴趣的话术是什么？

与其说话术有重要作用，不如说发觉客户的关注点更加重要，从自动调温空调推销案例中我们可以了解到，客户的关注点在于自己的小孩，所以从这个关注点引发话题，客户的兴趣更加浓厚。

7．如何直击客户的需求点？

以家有小孩的客户为例，他们更加在乎的是小孩的学习与健康问题，所以可以从这两个方面进行具体分析，指明客户的需求，并将产品满足对方需求的特点加以表述。

8．采用视频方式展示产品的流程是什么？

（1）介绍产品特点：在引出产品后，可以详细介绍产品的特点，在客户脑海里初步建立产品模型，激发对方深入了解的欲望。

（2）展示产品视频：在客户表达兴趣后，可以自然地展示视频，并配合适当的言语解释，帮助客户全面了解产品特性。

（3）分析产品优势：基于客户对产品信息的详细了解，可以筛选对客户有利的特点并加以详细分析，旨在获取客户对产品的肯定。

9．什么时候告知价格最合适？

（1）介绍环节不宜告知。在介绍与推荐环节，客户对产品的需要程度不高，无论报价多少，基于自身需求度不高的情况，客户会下意识地认为价格过高。

（2）回访环节适合告知。在回访客户体验的环节，客户对产品已经有了足够的了解与认知，这时候已经感觉到产品能够满足自己某些方面的需求，所以会对产品价格有一个新的接受范围。

10. 什么时候回访客户最合适？

给客户留有足够的产品体验时间，根据产品的功能用途估测客户体验时长，在到达预测时间后，可以先电话回访客户体验，在确定对方已经大致了解产品信息后，可以进行上门讲解工作，并且尽可能地让其确定购买意向。

这些追问的设计内容凝聚着工作环节中的隐性知识，这些内容可以具体地展示于培训课程中，为了便于受训员工更高效率地掌握和吸收这些隐性知识，我们可以将其进行分类汇总。这些追问大致分为六个类型，分别为步骤类、目标类、要点类、工具类、情景类和对策类，不同类别的追问分析汇总如下：

第一，步骤类。

①工作人员在上门为客户进行查修工作时做好的准备。

②到达客户家里后，如果想要开展产品推销工作，怎样去寻找与客户沟通的突破口？

第二，目标类。

如何判断客户是不是决策者，怎么确定客户家庭中谁是决策者？

第三，要点类。

①通过哪些信息可以引出产品？

②客户的需求点是什么？

第四，工具类。

①最能激发客户兴趣的话术是什么？

②采用视频方式展示产品的流程是什么？

第五，情景类。

①针对不同对象和场景可以采取哪些破冰话题及具体话术？

②什么时候告知价格最合适？

第六，对策类。

①针对不同对象和场景可以采取哪些破冰话题及具体话术？

②如何判断客户是不是决策者，怎么确定客户家庭中谁是决策者？

③最能激发客户兴趣的话术是什么？

追问的分类不需要特别明确，上述问题的属性是可以叠加的，同样的问题，既可以属于工具类，也可以属于对策类。属性叠加并不代表问题混乱，反而更加体现了问题的关键性。能够兼顾的方面越多，所能够掌握的客户信息与需求就越详细，对后续的推销工作就越有利。

（三）案例提炼前后对比

企业员工的不同行为表现是透明的，但即使给员工提供观察与学习他人的机会，大部分人员也是学不明白的。学习优秀员工的技能与知识，不是复制对方的具体行为表现，而是通过观察对方的行为表现并从中学习与提炼出真正属于自己的技巧与方法，这些经过详细分析而提炼出的技巧与方法就是对方的隐性知识，可以从"冲突总结""做法工具"和"成果启示"三个方面对比提炼前后的差距。

1. "冲突总结"提炼前后对比

在看到案例内容的第一时间，我们可以直接看到的是案例中工作人员遇到的问题，如果将这些问题转化为冲突，详细地了解问题的关键点是什么，便可以在此基础上制定解决方案。

（1）提炼前的问题分析。

客户问题1：初次见面时客户的防备心强，如何逐渐消除对方的防备心？

客户问题 2：怎样引发客户关注以及对产品的兴趣？

客户问题 3：客户表示想要了解产品的作用。

客户问题 4：客户询问产品能给自身带来什么好处和价值。

客户问题 5：客户处于犹豫阶段，并且没有决策权力，所以暂时无法确定是否购买。

客户问题 6：如何加强对客户体验感的提升与成果验收。

（2）提炼后的冲突分析。

冲突 1：如何降低客户的防备心？

客户对工作人员所推荐的产品有较强防备心理，并且以多种理由进行推托。

冲突 2：如何激发客户的体验兴趣？

客户并不愿意接受产品体验，觉得整个体验过程会有很多麻烦。

冲突三：客户对产品的认知度不高。

客户对产品的功能、作用、操作方式等都不甚了解。

冲突四：如何弱化客户价格敏感度？

客户没有太大的需求欲望，预想可能需要支出与需求不对等的费用，对价格有敏感情绪。

2. "做法工具"提炼前后对比

案例中工作人员关于做法和工具的分析是按照自身需求设计总结，是为了适应个人习惯需求，并不是很详细全面，假若只是按照案例的简单分析总结经验，远远不能支撑员工完成一项类似的工作任务，作为隐性知识的学习吸收方，应该更加精细地分析相关人员的工作细节。

（1）案例原稿的简单分析。

分点讲解 1：初次见面时客户的防备心强，如何逐渐消除对方的防备心？

观察客户家庭成员中有老年人和小孩，从老年人的想法开始思考，以小孩为突破口，老人比较在乎小孩的健康问题，可以从自己的小孩过渡到对方的小孩身上，慢慢让其放下防备心。

分点讲解2：怎样引发客户关注与对产品的兴趣？

以小孩为突破口，引出自动调温空调的对小孩有好处，引发客户兴趣。

分点讲解3：客户表示想要了解产品有什么作用。

介绍产品的特点，以播放视频方式辅助对方了解产品功能，使其更加清晰深入地了解产品。

分点讲解4：客户询问产品能给自身带来什么好处和价值。

向客户讲解产品功能能够为她带来的好处，并帮助她解答相关的困惑。

①自动调温空调的温度上下限可以手动调节，可以根据使用者的个人需求自行设置温度阈值；

②自动调温空调可以及时检测室内温度，保证室内温度一直处于让人舒适的范围内；

③自动调温空调属于便携式，安装方便，操作简单，不会让使用者觉得烦琐不易操作。

分点讲解5：客户处于犹豫阶段，并且没有决策权力，所以暂时无法确定是否购买。

可以主动提出让客户体验产品，让其真切地感受到产品的功能优势，降低对方的犹豫程度。

分点讲解6：如何加强客户体验感的提升与成果验收。

通过电话回访，了解客户体验情况，在确定客户对产品功能体验进度接近尾声后可以提供上门讲解服务，在确定客户购买意向后，介绍全面周到的售后服务，保证对方无后顾之忧。

（2）提炼终稿的详细分析。

案例中工作人员之所以能够精准地根据问题作出决策，是因为他处于实际的工作氛围与情景中，能自发地运用隐性知识解决问题，但是作为工作项目的旁观者，对问题的分析应该更加详细，需要精准挖掘客户需求，实现逐层递进的推销工作。

第一步，仔细观察寻突破。

观察客户的家庭环境，包括装修风格、家庭成员、家具摆设等，尽量根据对方的兴趣点选取话题，但是这些话题要尽可能地靠近自己熟悉的领域与方向。

第二步，闲聊家常减防备。

可以采用夸奖、肯定的方式展开闲聊话题，寻找与客户的共同观点，与其进行观点交流，进而让对方消除防备心。根据不同对象的群体特点，选择不同的话题切入点，比如夫妻可以与之聊生活规划，老人可以与之聊热门新闻，年轻人可以与之聊电子产品等。

破冰话术示例1：看到客户家有与自己女儿年龄相近的小孩，可以和对方讲自己的小孩，缩短彼此之间的距离，比如可以说，你家小孩真活泼，上学了吗？我家小孩也要上小学了，我怕她不适应。

破冰话术示例2：看到客户家中偏暖色调的装修风格，可以赞美对方的风格选取，引出话题：你家的装修真好看，看起来很温馨，我也想设计成这种装修风格。

第三步，提出产品引兴趣。

一是确定关键人。

寻找产品的使用人，从她的需求角度出发，让购买决策者意识到产品能够为使用者带来的好处。

二是了解客户信息。

在观察与沟通中了解客户的兴趣、习惯、需求等，掌握客户需要解决的问题。

三是引出产品。

在对用户需求进行分析后，可以向其表述部分理解，让对方认可自己的观点，这时候可以引出产品，并提出产品的功能优势。比如，指出自动调温空调的优势是有温度上下限，可以手动调节，可以根据使用者的个人需求自行设置温度阈值；可以及时检测室内温度，保证室内温度一直处于让人舒适的范围内；属于便携式，安装方便，操作简单，不会让使用者觉得烦琐且不易设置温度。

第四步，直击痛点加介绍。

一是直击客户痛点。

经过之前的观察与了解，可以分析总结出客户的主要需求是什么，肯定对方的观点，让其意识到自身需求是急需解决的问题。

二是放大客户痛点。

可以举例说明客户不解决现有的需求问题，可能会面临不好的结果，所以应该及时地采取措施加以解决。

比如可以从客户对小孩的关注程度进行话术劝说，逐步引向自动调温空调，可以指出老人对小孩的关注难免会有疏忽，而一次疏忽就有可能对小孩的健康产生影响，如果受凉更容易感冒，而安装了自动调温空调后，就可以避免这样的情况出现。这样的话术表达让客户意识到产品购买的必要性，认为产品可以解决自己最担心的问题，感到物有所值。

第五步，视频展示解困惑。

第一，演示产品视频。

客户提出要深入了解后，可以把产品信息的视频播放给对方看，让其详细地了解产品的多项功能。

第二，展示产品优势。

在演示了产品的外观、特点与功能后，可以根据客户的需求选择对应的功能进行讲解，告知对方使用本产品可以满足其哪些方面的需求。

第六步，避谈价格提适用。

首先，价格提出的时机要合适。

在客户没有明确购买意向的情况下不宜直接说明价格，如果对方追问价格，可以适当地转移话题，避免因为预期服务与预想价格不符而劝退客户。客户产生强烈的购买需求后，对产品的功能有很高认可，能够接收的价格区间也会随之提高，所以这时候告知价格比较合适。

其次，提出试用建议。

客户没有购买意向，但是有兴趣了解产品的时候，可以提出让对方试用产品的建议，在客户试用一段时间之后，在回访时跟进推荐工作。

最后，收集客户信息。

在客户同意试用建议后，可以收集对方的信息，包括客户需求、联系电话等，以便于后续回访工作的顺利实施。

第七步，维系回访促成交。

一是确定回访时间。

回访时间是在客户体验结束后。给客户提供的试用时长应该适当，过短的话，客户难以全面地感受产品功能带来的好处与便利；过长的话，客户已经过了最明显的使用感受期，可能会表现为需求不明显。

二是掌握回访流程。

首先对客户进行电话回访，在电话中询问对方的试用体验，并尽量争取上门讲解服务。在上门后，首要工作是询问客户的感受并主动为其解惑，放大产品功能对客户的好处与作用，以促成产品销售。

3."成果启示"提炼前后对比

案例中的成果展示简单直接，这对案例中的员工而言是直接需求结果，自己运用隐性知识完成工作任务即可，但是案例分析人员的成果认知不止于此，更应该根据最终成果进行总结，以利于自己后续工作的开展。

（1）案例"成果启示"展示。

案例原稿的成果是工作人员完成了产品的推销工作，该工作人员对工作过程进行了回顾与总结，提出自己所获得的启示是，在上门过程中要多观察客户家里的细节，尽量减少自己的紧张情绪，在话题深入的过程中慢慢消除客户的防备心，再根据客户的人际关系、所处环境寻找突破口，从而引出产品，并将产品功能与客户需求结合地分析，旨在让客户肯定产品，为其成交增加优势。

（2）提炼"成果启示"内容。

通过对案例的了解与分析，可以看出最终的成果效益不只有推销任务的完成，还有比较关键的一点是，客户愿意介绍产品给亲戚朋友，这对员工个人和企业组织都是潜在的客户开发，是后续推销工作的隐藏资源。另外，经过详细的研究可以提炼出一些实用性很强的推销技巧，具体如下：

①弱化推销意愿。在整个沟通交流过程中，不应该表现出强烈的推销意愿，要让客户感受到工作人员是站在他的角度上考虑问题，重点工作不是让客户立马消费购买，而是要遵循介绍、吸引和促销的流程。首先，工作人员应该自然地引出产品并向客户介绍产品的基本信息；其次，工作人员可以向客户详细地展示产品特点与功能，吸引客户对产品的兴趣；最后，工作人员需要根据客户的具体需求重点介绍产品的相应功能，力图促成交易完成。

②认同客户感受。客户是有思想的主体，所以有自己的观点与认知，工作人员首先需要认同客户的观点，增加与对方的亲近感，在这之后可以在适当的时机提出恰当的观点，并为其提供参考性意见，紧跟着可以用缓和的语言让对方尽可能地认同自己。

③规避敏感问题。在产品推销过程中，最敏感的问题无疑是产品的价格问题，客户询问价格的情况一般有两种，一种是仅仅想要过问一下价格，并没有太大的购买欲望；另一种是在有购买意向的情况下询问价格，追问欲望比较强烈。当客户只是好奇价格的时候，工作人员应该尽可能地规避这个问题，避免因价格高于其预估而吓退客户；当客户确定购买意向时，

对产品价格区间范围的接受上限也在提高，只要是定价合理的产品大概率不会影响客户的购买欲望。

上述内容以一个典型案例为研究对象，分析隐性知识和隐性知识提炼的重要性。隐性知识的拥有者愿意分享是一方面，提炼隐性知识转化为显性知识和吸收隐性知识是另外一方面。企业员工分享自己处理工作任务的技巧与方法，只是完成了隐性知识的输出工作，而其他员工将这些知识转化为自己的技能储备则属于隐性知识的摄入。对隐性知识的提炼与总结很依赖培训课程的开发工作，一名合格的内训师不但可以展示显性知识，还可以将隐性知识尽量全面地转化并展示出来。后者是课程开发工作中最关键的一个环节，我们必须肯定隐性知识对培训活动的深远意义及作用。

第七章

使用课程开发工具

　　课程开发的结果是投入培训使用，培训途中不可避免会运用到教学方法和授课工具，比起临时思考如何选择教学方法和授课工具，在开发阶段进行批注更为适宜。教学方法和授课工具一方面要符合讲授者和受训者的主观需要，另一方面也要与培训内容适配，所以要重视这两种课程开发工具的选取与设计。

第一节　课程开发的教学方法设计

教学方法设计是课程讲授者为了提高教学质量、优化教学节奏，根据受训者性格特点、学习风格设计出的合理缜密的教学方案的过程。教学方法设计是教学培训工作的一个重要环节，有利于培训活动的氛围营造，通过设计合理的教学方法，能够有效地提高培训质量、整合培训要素，还能够实现理论与实践相结合。

一、教学设计的作用

（一）提高培训质量

负责课程讲授工作的人员往往拥有丰富的教学经验，这些经验可以提高课程讲授者的熟练程度，但是也有可能会受经验限制，出现思想固化的情况，而通过教学设计可以改善这些不足。教学活动的每一个步骤、每一处细节都需要有理论支撑，教学设计可以合理地规划理论讲授节奏，讲授者的教学行为需要受到教学设计的影响与指导，所以合理地进行教学设计能够提高课程的培训质量。

（二）综合培训要素

企业培训课程的要素较多，主观因素有讲授者、受训者等，客观因素有培训内容、培训课件等。通过教学设计，内训师可以将一系列的要素综合起来。所有能够影响课程培训力度的要素都需要被考虑在内，这些要素彼此之间都有所联系，只有综合地、全面地规划和设计培训内容，才能够达到课程培训的最佳效果。

（三）实现理论与实践相结合

企业培训活动不仅要求课程内容符合实际，也需要实时检测培训内容的实践性。对培训环节进行教学设计，内容培训与知识运用相互结合，可以帮助学员更快地吸收和消化所学知识，从而能够在短期内实现职业能力的提升。

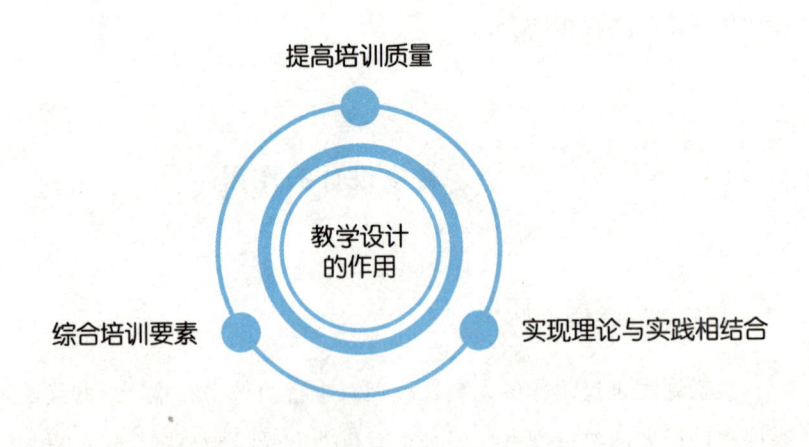

图 7-1　教学设计的作用

二、教学设计的方法

（一）讲授法

讲授法是一种常见的、传统的教学设计方法，就是简单的"讲授与倾听""传授与接受"，这种方式较为常用，较为简洁，其优势与劣势也很明显。就优势而言，对课程讲授者来说，讲授法是一种比较容易掌控的方式，无须设计太多的课程培训细节；就劣势而言，讲授法要求讲授者具有较强的语言表达能力，课程具有较强的内容呈现能力，学员具有较强的理论接受能力，这三者缺一不可。在课程培训活动中采用讲授法，重点在于逻辑清晰，讲授者需要清晰地罗列出要讲述的内容，课程需要明确地呈现出培训目标，学员需要精准地确定自己的发展方向。

（二）研讨法

研讨法主要是"研究"与"讨论"，经常用于课程互动环节。相较于讲授法，这个方法的使用频率也比较高。在课程培训过程中，讲授者通常会选择一个集中性问题让学员进行探讨，并与学员通过收集资料、分享信息等方法共同决策出解决方案。应用这种教学方式，要求学员通过查找资料、总结内容等归纳出解决办法；讲授者也应该为收集资料做好充分的准备，适当地为学员提供理论依据，通过与学员共同筛查、研究，可以避免浪费过多时间。在培训过程中，讲授者要起到引导作用，鼓励学员积极表达自己的观点并能够及时给予肯定。同时，讲授者的参与还可以不断地扩展培训深度。

（三）视听法

视听法是指可以从视觉或听觉方面输入培训内容的方法，视听教材有视频、图片、录音、电影等。这种方式帮助学员从听觉、视觉多感官理解所学知识，比传统的讲授法更让人印象深刻。与其单一地讲述培训内容，不如直观地体现出来，以此来加深学员对所学知识的理解。我们发现，在课程培训过程中，经常需要播放视频、录音等教材，这些教材工具可以被复制留存，不像言语表达后会失去痕迹，视听教材可以反复使用。如果学员不能当堂理解，也可以在课下温习教材内容。同时，视听教材更贴近实际生活，比起晦涩难懂的知识内容，实际生活中所能接触到的内容更容易理解，更易引起学员的学习兴趣。

（四）游戏法

游戏法是一种利用竞争关系帮助学员理解知识的教学方法。在一定的规则下，可以组织两名及两名以上的参与者进行游戏活动。根据游戏内容确定合适的游戏形式，要求游戏参与者利用所学的培训内容来争取竞争的胜利。在此过程中，游戏的输赢不是重点，目的是帮助学员巩固所学知识。

（五）角色扮演法

角色扮演法，也称为情景模拟法，这种方法要求受训者扮演相应的角色来检验培训内容的运用程度。在特定的情景中，以受训者扮演的角色对待问题，运用学习到的培训知识来解决。通过角色扮演，企业员工可以明白具体岗位的具体工作内容，积极参与培训并利用所学内容处理工作任务，帮助他们了解自己的基础能力，从而明确能力提升的方向。

（六）案例分析法

案例分析法是指引用与知识点对应的案例，辅助讲授者讲授课程，帮助学员理解知识。多数培训课程可以分为两个部分，一部分是理论知识，另一部分是案例分析。只单纯地讲述课程内的理论知识，会使培训活动缺乏活力，知识传达力度与效率也会受到影响。结合案例则可以将知识点融入实际事例中加以表述，使受训者更轻松地理解所学知识。

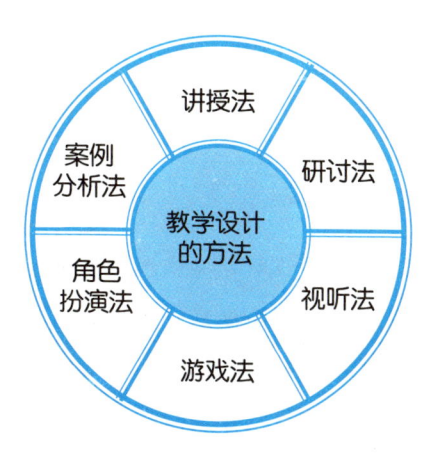

图 7-2　教学设计的方法

第二节　教学方法的使用案例分析

作为内训师，可以在设置课程培训内容中为讲授者提供多种教学方法以供其选择。决定采用某种教学方法后，课程的培训效果会随着讲授者对使用方法的理解程度而发生变化。通过字面含义来理解诸多教学方法，并不能完全掌握使用技巧，下面针对不同教学方法用案例进行说明，更直观地介绍不同教学方法的实际作用及培训内容与教学方法的适配程度。

一、讲授法举例

讲授法的主要输出者是负责课程讲授的讲师，讲授法非常考验讲授者的讲授能力。在培训活动进行的过程中，重点在于"逻辑清晰"，不能认为讲授法就是简单的嘴上说说而已。所谓"讲"，旨在理解培训内容后讲述给学员，在授课前，讲授者要清晰地掌握课程脉络，准确地掌握知识点。伴随讲授法可以使用一些合适的教学工具，很多讲授者会借助课件来展示培训内容，课件能够帮助讲授者梳理课程内容的前后逻辑关系，更好地传递课程内容。

某企业开发的课程针对销售人员设置了针对性内容，一开始讲授者为了加快培训速度，决定采用讲授法展开培训，但是逐渐发现并不能很好地把控培训节奏，便在后续的培训活动中制作了每节课程需要的课件，配套的课件中规划了清晰的培训流程，也包含了适配的培训内容。在培训活动进行的过程中，讲授者根据课件内容条理清晰地展开课程讲授，同时也为受训者提供了清晰的学习流程。在一系列培训活动结束后，参与培训的学员表示前期有难以跟上讲师授课节奏的感觉，但是后期的课件内容可以直观地吸引自己的注意力，学习效率也逐渐提高。

在课程培训中，讲授者采用讲授法的概率较高，很多时候会将其作为首选，但只是一味的说教并不能发挥出这种方法的作用，应该根据个人意向、学员风格等选择不同的教具辅助培训，在激发受训者学习积极性的基础上，帮助其高效率地吸收培训知识。

二、研讨法举例

研讨法是一种培训活动中常用的互动式教学方法，课程的讲授者和受训者均需要参与其中，这种方法有比较明显的培训效果。一个人的学习能力、思考能力都是有限的，可以依托组织或群体的力量加以理解，学员之间相互激励、互相帮助，能够达到 $1+1 \geq 2$ 的效果。研讨法具有不同的开展形式，一般包括课题讨论法、辩证讨论法、演讲讨论法和民主讨论法。

图 7-3　研讨法的形式

（一）课题讨论法

课题讨论法需要讲授者提出一个知识主题，鼓励课程受训者展开讨论、总结，在这个过程中制定出解决相应问题的策略与措施，主要是通过激发学员思考来帮助其消化培训内容。

某企业组织了一场人力资源培训活动，主要想提高受训者的人才筛选与招聘能力。讲授者在某一次的培训活动中提出来一个问题：什么样的言语态度更吸引人？之后便给受训者留出足够的时间进行讨论，有的人表示态度需要谦卑和蔼，有的人认为态度需要客气疏离。讨论活动结束后，大家的想法得到整合，一致认为人力资源工作者在与应聘人员交流时不仅需要有平和的态度，还需要给出精确的回答。

从上述案例中可以看出，受训者在讨论总结的同时，一方面可以了解最合适的态度是什么样的，另一方面也可以意识到自己日常工作中出现的问题，这极大地完善与提高了受训者的工作能力，也说明培训活动的开展很有意义。

（二）辩证讨论法

辩证讨论法是将学员分为两个或者几个团队进行辩论研讨，类似于辩论会的一种形式，不同团队的受训者基于自己认可的观点表达看法，在辩论的同时可以加深对培训内容的理解，也能够很好地将所学知识运用到实际场景与工作中。

在某企业内部，很长的一段时间内工作氛围低迷，经常出现人员流失情况，而员工与员工之间的沟通也明显减少，企业的管理人员考虑两者之间是否存在联系，所以选择开发培训课程并实施培训活动。在培训时，课程讲授者组织了辩论活动，将受训者分为正反两方，正方的观点是沟通利于员工增加黏性，反方的观点是沟通与员工黏性没有关联。反方认为员工黏性与岗位待遇存在唯一关联，与他人的沟通和个人性格无关，这些并不能影响自身对企业的忠诚度；正方则表示虽然员工黏性主要受岗位待遇影响，但是如果一直处于没有沟通、缺乏活力的职场环境中，员工的工作态度与情绪会受到影响，所以日常工作需要有适当的沟通。辩论结束后，课程讲授者对正反双方的观点进行分析与总结，并将培训内容融入其中，帮助受训者认识到职场社交的必要性。

辩证讨论法就是组织受训者进行辩论，目的不是辩论出谁对谁错，而是让学员更好地理解培训目标及内容，从而能够推动培训进程，提高培训活动的效率。

（三）演讲讨论法

演讲讨论法是一种依次进行演讲、评价、讨论等活动的教学方法，在诸多受训者中选择部分个人进行演讲，还可以邀请专业人员进行评价。演讲结束后可以开展讨论活动，帮助受训者更好地理解培训内容。

某销售企业近期出现业绩下滑，为了提高企业的输出绩效，他们成立多个小组针对不同影响因素进行分析并确定业绩下滑原因，希望员工可以在分析的同时形成关于能力培养的共识。其中一个小组负责调研"业绩下滑与采购商品类型是否相关"这一主题，公司指定组长负责引领培训活动。组长便组织了一次演讲活动，部分成员进行演讲，其余人员负责点评，最后所有人参与讨论总结。在活动实施过程中，有的人员认为应采购新颖产品来吸引顾客注意力，有的人员认为采购老牌产品来稳固原有客源……演讲结束后，小组成员进行了总结，一致认为在稳固原有客源的基础上不断创新才更能够保证业绩平稳提高，也就是大比例采购老牌产品，少量采购新颖产品。

演讲讨论法分为演讲和讨论两个部分，演讲的目的是提供观点，讨论则是对前面提出的观点进行总结，通过"取其精华，去其糟粕"，集合不同人员的看法归纳出最好的解决方法，从而达到最佳的培训效果。

（四）民主讨论法

在民主讨论过程中，讲授者和受训者处于平等的地位，受训者可以自由发表自己的观点，讲授者进行适时的指导与调整，帮助学员精准地吸收自己所需要的培训知识。

某企业内部员工能力差距明显，只有少数人能力出众，但是少数人员的能力突出并不能给整体带来多少价值。为了均衡员工的职业能力水平，促进团体效益提高，该企业开发了关于职场合作重要性的培训课程。课程讲授者想让员工自己意识到合作的重要性，便组织了一次民主讨论活动，讲师和受训员工一起进行讨论。通过讨论发现，职业能力高的人员认为合作与否对自己没有什么差别，职业能力低的人员则表示很愿意与优秀员工合作。其中一名能力出众、资历深厚的员工的看法吸引了大家的注意力，他认为自己虽然能够高效完成工作，但是如果能与其他员工合作也是不错的选择，这不仅能够让自己体会到另一种工作方式的新鲜感，还可以帮助自己巩固个人能力，是一种两全其美的方式。讲授者对这位员工的观点进行分析与讲解，并逐步引导大家认可与肯定这样做的好处，顺理成章地实现了本次培训活动的目标。

讲授者不宜将过多的主观认知强加给受训者，应该给对方留有足够的思考空间，比起自己的直接传达，受训者之间共同讨论出来的结果更能让群体接受。开展民主讨论活动可以使各位员工的想法相融合，最终归纳出一个接受度较高的解决办法。

三、视听法举例

视听法也称为"圣克卢法"，融合了直接法和听说法的特点，在听说法的基础上，引入视听结合的手段促进教学进程，这种方法强调通过听觉感知和视觉感知共同加深受训者的学习印象。视听法吸收了直接法和听说法的优点，利用直观讲授的方式，向受训员工直接传达培训内容，同时，也使用合适的教学工具辅助讲授，避免了偏离教学方向的情况发生。

小董是一位资深的内训师，负责开发一门关于企业文化宣传的培训课程，在设计教学方法的时候，在对企业文化背景介绍时选择视听法教学。培训活动开展过程中，讲授者播放了企业创始人对于企业创业历程的感想，听完录音后，受训者大致了解了企业的创业背景，之后又播放了不同时期的企业发展情况，学员更加深入地了解了企业的文化背景。员工在知晓了企业的发展历程后，个人的归属感明显有所提高，自身的工作积极性也在逐渐提高，从而为企业创造了更多的效益价值。

视听法的突出特点是语言与情景的紧密结合，通过语言向受训者传达培训内容，也采用视听教材帮助受训者在脑海里构建情景模型，能够帮助受训者更高效率地记忆和理解所学知识。

四、游戏法举例

游戏法教学是一种创新的以减轻学员学习压力的教学方法。近些年来，在社会发展的同时职场竞争也愈发激烈，企业开发培训课程帮助员工提高职业能力势在必行，而越来越多的培训活动也同样会增加企业员工的工作压力。使用游戏法教学是让受训者在娱乐竞技的同时，加深对培训内容的理解与运用，该方法也是最受学员欢迎的教学方法之一。

某企业招聘了几位会议记录员，领导希望这些员工能够拥有较高的筛选、总结、记录及复述能力，所以决定开发与之对应的培训课程。参与培训活动的受训员工大多具备了岗位所需的职业能力，培训目的在于提高员工处理工作的效率，所以培训内容偏于乏味。为了吸引受训者的学习兴趣，课程讲授者决定采用游戏教学法促进培训活动的开展。他将受训员工平均分为两组，组内成员进行接力，对一篇文章的记录速度及质量进行比较。这样的游戏活动会安排在每次培训的中间时段，既帮助受训员工加深了对培训知识的理解，也让受训员工在每次培训中保持较高的积极性。

游戏法教学是在培训中尽可能地将枯燥的培训内容融入趣味性的游戏中，使得受训员工在游戏竞技的同时逐渐理解所学内容。同时，活跃的培训氛围为受训者创造了良好的学习条件，能够达到"玩中学、学中玩"的效果。

五、角色扮演法举例

企业实施培训活动最容易检验效果的方式就是"在工作中理解"，运用角色扮演法可以开展体验式教学，表现为营造贴近工作氛围的培训环境，强调"在做中学"。使用角色扮演法进行培训，需要给受训者安排具体的工作内容与合理的实践市场，为受训者模拟出接近工作的情景，让其运用所学知识处理问题，从而达到帮助受训者在培训中实践、在实践中成长的目的。

某企业开发了关于员工解决利益冲突问题的课程，讲授者设计了角色扮演法，随机选择六位受训者，分别为甲、乙、丙、丁、戊、己，其中，甲扮演管理人员，其余五位则是任务分配的竞争者。

解决事件：某公司主要销售电器，随着营业额的增长，公司在某地市区设立了五个分销区域，乙、丙、丁、戊、己分别是五个区域的销售代表。由于需要每天上门推销产品，所以公司决定为每位员工配备代步汽车，这五位员工目前的汽车配备情况如表 7-1 所示。

表 7-1　某公司五位员工汽车配备情况

人员	乙	丙	丁	戊	己
工龄	1	3	6	3	4

续 表

车辆配备时间	6	1	2	6	5
其他情况	销售区域广、车太旧	业绩最佳	资历最深	上一年里程数最多	销售难度最大

考虑到员工的车辆质量可能会影响销售情况，公司决定购买一辆新车分配给销售代表，由五个区域的销售代表讨论应该把这辆车分配给谁，管理人员作出最终决定。

管理人员甲的角色任务：作为管理人员，每一次面对车辆分配任务都很苦恼，因为每位员工都有自己的需要和理由，无论自己怎么决定，都会有销售代表觉得不公平，所以今年决定将大部分思考空间留给员工，让五位参与竞争的销售代表分别提出合理公正的分配方法，自己最后进行评定。

销售代表乙的角色任务：虽然自己的工龄最短，但是负责的销售区域很广，目前这辆车车况差，影响销售工作的开展，所以需要一辆新车。

销售代表丙的角色任务：自己的销售业绩最佳，新车的分配应该以业绩为准，所以理应拿到新车。

销售代表丁的角色任务：自己作为企业的资深员工，累计为企业做出的贡献最大，为了肯定老员工的努力，应该将新车分配给自己。

销售代表戊的角色任务：自己的工龄并不短，而且车辆使用时间较长，经常在路上出现故障，去年车辆行驶的里程数最高，说明自己销售任务艰巨，因此最适合使用新车。

销售代表己的角色任务：自己所在区域的销售难度最大，需要更多地访问客户为企业创造价值，而且自己的车辆使用时间已经很久，所以更需要新的车辆。

这一环节的培训活动结束后，几位员工总结出一个共同的观点：当个人利益与企业利益出现冲突的时候，应该以企业利益为先，通过合理分配资源来平衡员工需要。

角色扮演法是一种直观的教学方法，根据其实际使用情况也可以将其看作是一种学习方式。在融入这种方式的培训活动中，讲授者要求受训者在模拟的情景里扮演角色，通过"表演"来学习和理解培训内容。使用角色扮演法应该为受训者提供"真实感"，重视培训知识的时效性，要强调"在做中学"，而不是"学了再做"，所以讲授者在设计内容的时候要考虑到受训者的"融入感"。

六、案例分析法举例

案例分析法也称为"个案研究法"，是根据企业的经营现状，找出与之相似的事件或者情景对其进行客观的描述，以故事喻实情，便于课程受训者更加轻松地理解培训内容。在使用的过程中，不能只是浅显地就事论事，要做到思维延伸，对案例中的问题与决策进行仔细分析，总结出能够应对实际工作与问题的合理解决方案。

某企业实施的企业战略管理培训活动采用了案例分析法进行教学，讲授者以一家电器公司为例，讲解了相关培训内容。

案例内容：一家电器公司专注于为全球消费者提供技术与品质兼优的电器产品，并致力于根据消费群体需求改善电器功能，设计新型产品。这家电器公司生产的一系列电器产品填补了本行业的空白，成为从"中国制造"到"中国创造"的典范公司，一跃成为家喻户晓的大型企业。

案例讲述结束后，课程讲授者引导受训者从案例中发现企业战略管理成功的原因，各位学员总结出企业发展与扩张的关键在于创新，能够发现机遇并抓住机会才有获得成功的可能。

案例分析法中选择的案例应该具有典型性，一定要有代表意义，让受训者可以在研究与分析的过程中掌握详细的培训内容。通过这种方法对员工进行培训，可以明显增加员工对工作任务的了解，提高员工处理工作问题的能力，从而增加企业内部员工之间的凝聚力。

教学方法是企业培训课程的重要组成部分之一，如果不能合理地选择教学方法，就不可能顺利地实现培训目标，进而影响整个培训活动的进度。培训课程在不同的讲授者手里的呈现方式有所区别，讲授者选择的教学方法会结合自身教学习惯。不同受训群体喜欢的培训形式不同，选择教学方法也需要考虑受训者的学习风格。所以说，一次培训活动的质量高低、效果好坏，很大程度上取决于教学方法的选择与应用是否适宜。这些教学方法是推动了培训进展，还是拖慢了培训速度，这需要在培训过程中不断观察与分析，一旦发觉教学方法与培训内容不适配，就应该及时作出调整与更新。

第三节　授课工具的选择与使用

开发培训课程为培训活动的实施提供了实物依据，企业针对岗位需求开展培训活动不是一件简单的事情，每一个细节都需要关注和把控。在整个培训过程中，讲授者应该知晓要讲什么，受训者应该清楚要学什么，还需要实时掌握培训的转化率。从培训课程讲授者的角度出发，就算有再高的教学能力，不知晓培训目的和培训内容也无法发挥自身的作用；从培训课程受训者的角度出发，学习能力的高低影响对培训内容的吸收效果，但并不是唯一的影响因素，还需要明确学习的目的和课程培训的方向；从培训课程讲授者和受训者双方共同出发，讲授者需要了解受训者对培训内容的掌握程度，受训者也需要检验自己的学习效果。促进培训活动的顺利进行，就需要在培训课程的内容中使用授课工具，授课工具包括讲师手册、学员手册和测试题。

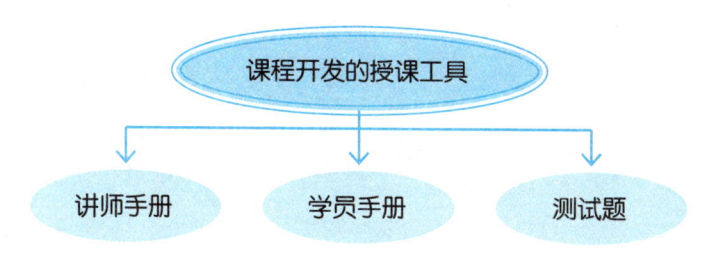

图 7-4　授课工具的配备

一、讲师手册

　　讲师手册是培训课程的一个组成部分,这个授课工具是讲师开展标准化课程的重要辅助工具,是培训课程讲授者讲解培训内容、设计培训方案的关键资料,所包括的内容要既概括又全面。讲师手册在实施有意义的培训活动和传承有作用的培训内容的过程中发挥着重要作用,它是课程开发的灵魂所在,具体内容包含了讲什么、怎么讲、用什么方法讲等,可以帮助讲授者更快速地掌握培训内容、把握培训节奏。

(一)讲师手册的内容

　　讲师手册涵盖了企业培训课程的总体内容,对于饱和度很高的培训内容,讲师手册的内容要更加精练,其包含的内容主要有六项,分别为课程开发背景、课程内容简介、授课计划、授课重点、实施要求及附录。

讲师手册的内容
- 课程开发背景
- 课程内容简介
- 授课计划
- 授课重点
- 实施要求
- 附录

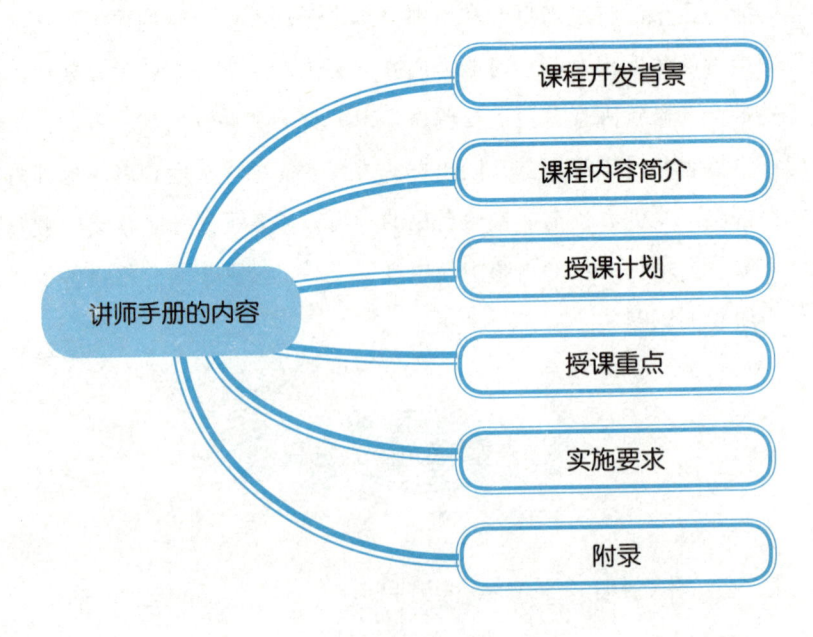

图 7-5　讲师手册的内容

1. 课程开发背景

课程开发背景突出开发课程的原因，表明企业对员工的期望发展、员工对自己的期望发展、开发培训课程对企业的益处、开发培训课程对员工的益处等方面，具体内容分为四部分并且有明显的前后顺序，依次是现状、冲突、问题和策略，示例如下：

现状：随着市场竞争的加剧，企业需要面临的问题与挑战越来越多，作为领导者能够引领员工发挥主观能动性、攻坚克难成为企业良好发展的关键；

冲突：当真正遇到困难的时候，企业内部员工总会因为自身能力限制无法作出决策，或者受企业制度限制而没有发挥空间；

问题：针对员工无法突出自我、无法凝聚力量的问题该怎么解决；

策略：本次课程运用教学方法辅助培训，分析问题难以解决的原因，并运用相关知识加以讲解，帮助领导者发现问题出现的根源并提出合适的解决方案。

2. 课程内容简介

课程内容简介是对培训课程的简单概括，能够清晰明了地展示每次培训活动的授课计划及纲要，主要包括课程名称、授课时长、教学方法、培训目标等信息，能让负责课程讲授工作的人员快速了解培训内容，更好地实施培训活动。

某公司为了培养员工的团队精神，最终由内训师开发了《加强团队合作》的课程，这门课程的培训简介如表7-2所示。

表7-2 某公司《加强团队合作》培训简介

课程名称	加强团队合作	授课时长	6小时
教学方法	讲授法、角色扮演法、游戏法、案例分析法			
培训目标			
1. 讲授课程理论，帮助受训者更好地理解、运用所学知识； 2. 抽取学员扮演不同角色，模拟工作情景，感受合作的好处； 3. 分组进行游戏比赛，让受训者体会合作的重要性； 4. 列举实际案例，分析团队合作的意义。			

3. 授课计划

授课计划指明了培训活动如何实施，简单的理解就是说明什么时间讲什么内容，讲的具体内容要达到什么效果，讲解过程中使用什么方法、采用什么工具，整体是一个涉及很多细节的策划方案。

某企业为了加深员工对金融理念的理解，开发了相关的培训课程，讲授者实施第一阶段培训活动时书写的授课计划如表7-3所示。

表7-3 授课计划

时间（小时）	培训内容	培训目的	教学方法	授课工具
0~1	课程安排介绍	传达本次培训的预期目标	讲授法	无
1~2	展示实际案例	将培训内容贴近实际	案例分析法	PPT
2~4	播放一段视频	直观展示金融的魅力	视听法	多媒体
4~5	金融的概念	引入理论知识	讲授法	无
5~6	金融的作用	加深对金融的理解	讲授法	无

4. 授课重点

授课重点是讲师手册中最重要的部分，按照展现形式可以分为简单、普通和复杂三个程度。简单的概述就是在授课计划中进行备注，起到提醒讲授者着重讲解的作用。普通的概述就是独立于授课计划但是内容偏概要，主要包括引入、展开和总结三个部分，引入要有吸引力，能够引起受训者的注意力；展开是对培训内容的概括，重点聚焦于教学重难点；总结是对培训内容的汇总，并对受训员工作出后续的学习要求。复杂的概述就是涉及授课过程中的诸多细节，需要记录每个环节对应的内容、行为及反馈，即授课期间的所有活动都要做好提前设计。

5. 实施要求

实施要求主要是对培训环境、教学工具的关注与要求，这些东西是保证培训活动顺利进行的重要因素。一方面要为受训者营造适宜的学习环境、准备齐全的学习材料，另一方面也要考虑讲授者的需求与状态。实施要求主要针对培训资料、学习环境、授课用具、学员了解、讲师需要等，不同部分的内容举例如下：

培训资料：讲师手册、学员手册、PPT 课件等；

学习环境：整洁的桌面、安静的氛围等；

授课用具：小白板、投影仪、记号笔、麦克风等；

学员了解：学员的现有能力、学员的提升需求等；

讲师需要：扩音设备、润喉水等。

6. 附录

附录主要汇总了与培训课程有关的所有参考资料、扩展资料等。参考资料是培训内容的主要来源，扩展资料是受训者适应培训节奏后有精力接受的"额外"知识，附录主要起到润色培训课程的作用。

（二）讲师手册的作用

讲师手册是提供给课程讲授者的一个辅助教学工具，手册内容与培训内容相得益彰，可以避免讲授者出现中途偏题的情况；手册内容包含了培训活动的基本流程，清晰地设计了合适的培训方案。

1. 保证培训内容准确传达

培训课程内容丰富，仅靠讲授者自己完成"理解与传达"是很困难的，每个人的理解会受主观想法所影响。内训师开发课程的目的与讲授者理解的程度可能会有所偏差，容易导致培训内容传达不准确的情况。为了避免讲授者出现理解偏差，需要在开发培训课程的同时设计讲师手册，手册中的培训计划、培训重点等内容能够准确地突出培训目标，确保培训活动的正常实施。

2. 促进培训活动有效实施

培训活动应该有清晰的实施流程设计，讲授者不可能在收到培训课程的第一时间就产生精细的授课安排，但企业也不会为讲授者留太多时间来熟悉课程内容，所以就要求内训师同步设计出讲师手册。讲师手册会注明每阶段培训的时长、培训的目标等，为课程讲授者提供具体的教学方向，保证培训活动在"正轨"上实施。

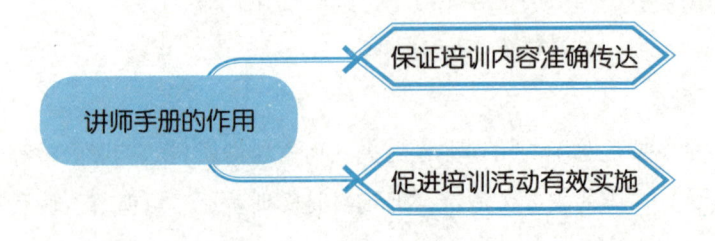

图 7-6　讲师手册的作用

二、学员手册

运用到培训活动中的教学资料分为教师版和学员版两种，如果说教师版资料的作用是辅助讲师实施培训计划，那么学员版资料的作用就是帮助学员理解培训内容，而用于学员使用的教材称为"学员手册"。仅仅依靠课程讲授者提供的课件不足以向受训者传达要讲述的培训内容，并且，无论是培训前还是培训后，都需要受训者自己做好知识分解，这就需要有独立于教师课件的内容呈现，学员手册的设计能够恰好满足这一需求。

（一）学员手册的内容

学员手册的内容相比于讲师手册更为简单，主要是告知受训者培训课程的时间安排、内容布局、资料引入等，一般包含以下五个方面的内容，分别为日程安排、要求提示、课程目录、培训内容和附件。

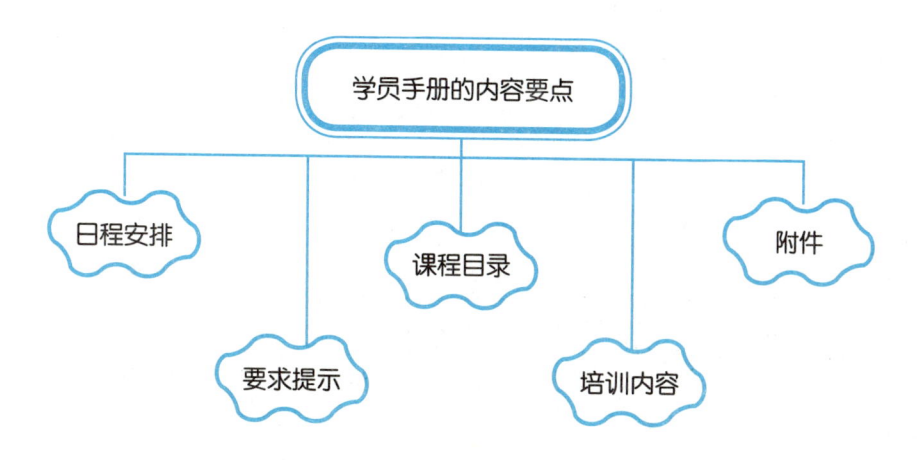

图 7-7　学员手册的内容要点

1. 日程安排

学员手册中的日程安排类似于课程表，是具体培训活动时间安排的汇总，课程受训者可以根据日程安排提前做好上课准备。详细的日程安排会注明授课时间、授课时长、培训内容以及授课讲师，旨在将培训活动的各项安排全部透明地传达至受训者眼前。

某企业实施关于财务管理的培训活动，内训师为受训员工设计的学员手册首页即为培训日程安排，如表7-4所示。

表7-4　某公司培训日程安排示例

\multicolumn{3}{c}{× 月 × 日培训安排}		
时间		培训内容	授课讲师
上午	7:30-8:00	学员签到	——
	8:00-10:00	企业金融内容培训	讲师A
	10:00-10:30	测试	——
	10:30-11:30	财务管理内容培训	讲师B
	11:30-12:00	测试	——
中午	12:00-13:00	休息	
下午	13:00-14:00	风险管理内容培训	讲师C
	14:00-14:30	测试	——
	14:30-15:30	证券投资内容培训	讲师D
	15:30-16:00	测试	——
	——	结束	——

2. 要求提示

要求提示板块的内容主要针对受训者，分为"要求"与"提示"两个部分，要求是指参与培训的学员需要按照哪些规范学习培训内容；提示是指在培训期间学员需要注意的相关事项。设计要求与提示起到警示作用，同时也具有以备不时之需的功能，要求主要是针对制度、纪律方面的规定，提示的力度比要求温和一些，但是也能表明培训期望。

某课程学员手册的要求与提示内容示例如下：

要求：1. 参训人员要认真听讲，及时记录笔记；

2. 为防止影响课堂纪律、打扰他人的正常听讲，参训人员需要将手机调整为静音状态，无特殊情况不可随意进出授课场地；

3. 按时到场，无特殊原因不允许迟到。

提示：1. 如果有不可控情况发生，可以及时联系负责人员，负责人员为张×，联系电话为1××；

2. 为实时掌握学员学习情况，请配合填写《调研表》，以便于准确规划后续培训活动。

3. 课程目录

学员手册的目录是对培训课程的框架概括，主要包括章节名称和对应页码。章节名称体现出每一章、每一节的主要培训目的及培训内容，注明页码是为了学员能够精准翻找所需内容，设计课程目录并没有什么特别的地方，做到重点突出、直观简洁即可。

4. 培训内容

学员手册中的培训内容偏于概括，设计目的是告知受训学员培训过程中主要讲述什么，不会清楚地体现详细内容，通过查看本部分内容，受训者可以了解自己要学习的知识概况。另外，培训内容主要在培训前和培训后发挥作用，培训前是受训者制定学习安排的依据，培训后则便于受训者高效率地复习巩固所学知识。

5. 附件

附件内容是对培训活动中所使用辅助资料的记录汇总，主要包括参考资料、案例说明、课程背景等，参考资料是开发课程所需参考资料的来源记录；案例说明主要强调培训课程所用案例的详细情况；课程背景交代开发课程的目的。多数培训课程的附件是诸多文件的汇总，设计附件的初衷是便于员工查阅与巩固所学。

（二）学员手册的作用

学员手册与讲师手册的内容会有重叠部分，讲授者在培训活动中扮演引领者的角色，学员则需要承担协助与配合的工作。没有学员的自主接受，再优秀的讲师都难以顺利开展培训活动。学员手册能够清晰地展现培训安排、培训内容，学员不仅可以在课堂上按照手册内容参与培训，还可以在课后用来复习和巩固所学知识。

图 7-8　学员手册的作用

1. 辅助学员参与课堂学习

课程讲授者尽管会采取多种形式的教学方法展示培训内容，但是在引起受训者注意后如何维持住学员的关注度，这对讲师来说是一个考验，对学员同样有所要求。参与课程培训的企业员工均有提升自身能力的需求，多数人都迫切地希望在课堂上有所收获，这就需要学员能够跟上讲师的授课节奏。学员手册的存在就可以满足受训者的需求，使其专注高效地参与课堂学习。

2. 支持学员进行课后复习

企业员工参加培训的目的是掌握所学知识，并将其应用到实际工作中。学员可以通过学员手册不断巩固与复习所学知识，做好课后的全面复习。

三、测试题

企业培训活动主要有阶段培训和单次培训，阶段培训的内容丰富，需要将一门授课时间较长的课程分成多个阶段实施培训；单次培训是指组织一次活动就可以完成任务的培训课程。无论阶段培训还是单独培训，都应该在培训结束后评估培训效果。培训活动的实施效果主要体现为学员的学习效果，检验最终效果的常用途径是考核测试，即讲授者引入授课工具——测试题。企业培训课程常用的测试题类型可以分为两大类，即知识点考题和场景考题，这些考题都需要在培训开始前准备好，课程讲授者可以根据自己的教学设计提前筹备好适配于培训内容的测试题。

（一）测试题的类型

在每次培训活动接近尾声的时候，为了掌握实际的培训效果，需要考核受训者对培训内容的掌握程度。学员的掌握程度与课前的预想结果之间的差距就是培训活动真实效果的数据反映。常规的培训课程所包含的内容有理论知识的讲解和实践技能的输出，针对不同形式的培训内容可以设置适配的测试题，测试受训者对理论知识的理解程度可以采用知识点考题，了解受训者对实践技能的记忆程度可以采用场景考题。

```
测试题的类型 ─── 知识点考题
            └── 场景考题
```

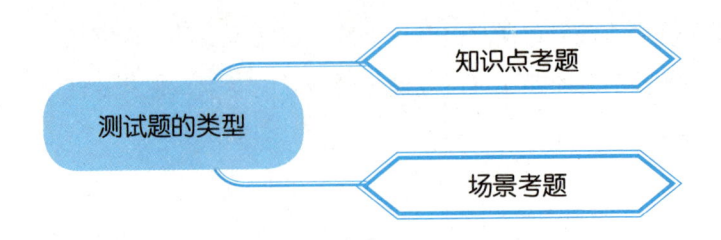

图 7-9　测试题的类型

1. 知识点考题

知识点是构成企业培训课程的最小单元，根据不同的知识点可以进行不同程度的细化和拓展，逐渐扩张就能够开发出一门具有完整体系的培训课程，涉及单元知识点考核的试题类型称为"知识点考题"。知识点考题的呈现形式多为卷面笔试，可以设计选择型题目、判断型题目、填空型题目等，题目的类型选择不是重点，实际目的是考核受训学员对培训内容中理论知识的理解及记忆程度。

某企业为了强化纪律制度的管理，将企业管理制度及要求归纳总结成一门体系完整的培训课程，并根据培训内容实施了具体的培训活动。整体培训结束后采用知识点考题测试受训员工对制度内容的记忆程度，部分试题如下：

题型一：选择题

面对工作内容，我们需要秉持的精神是什么？（　　）

A. 诚信友善

B. 积极认真

C. 行胜于言

D. 热情敬业

题型二：判断题

同事间应该相互尊重、互帮互助、举止文明，对外交往应该有礼有节、

不卑不亢、简朴务实。（　　）

题型三：填空题

工作时间应该统一穿着公司配发的＿＿＿，工作服应保持＿＿＿。

题型四：简答题

员工未经企业允许或批准，向外提供的哪些信息属于机密文件及内容？相应的处理方式是什么？

2. 场景考题

场景考题在于对情景的模拟，该类型考题设置出不同的情景，让受训员工在虚拟构建的场景内运用所学内容解决问题，在受训员工的问题解决方式和解决速度上了解培训效果。场景考题强调技能掌握及应用，当讲授者设计的培训内容偏重于实操技能的时候，可以通过场景构建测试受训员工面对不同问题时的处理策略与态度。

某酒店近期运营上出现了严重问题，由于人力资源管理工作出现漏项，疏于对前台接待员的基本问题处理技巧进行培训，在招聘新的一批没有相关经验员工后问题更加明显，直接影响了客源数量和营业数额。为了及时改变这种状况，企业组织新入职的前台接待员进行培训。内训师开发培训课程时设计了专门测试受训员实操技能掌握与运用能力的场景考题，示例如下：

场景设计：刘小姐提前一周预订了一间用来招待客户的商务套房，并指定了房间号，但是在预订期间内该房间的客人一直续住，刘小姐和客户前来办理入住手续时，如不能为其提供指定房间该如何处理？

参考方案：向刘小姐说明实际情况并表达歉意，表明自己会准备一间内部装潢与指定房间相同的房间，并准备一些小礼物来感谢对方的理解。

其他方法：因为房间是被刘小姐提前预订的，续住顾客的续住需求在刘小姐预定之后，遵循先到先得的原则可以向续住客户说明情况，并在前一天安排好转房事宜。

（二）测试题的作用

很多企业员工认为没有必要设置培训活动的测试环节，花费精力与时间重复一遍所学内容没有实质作用。其实不然，正因为有了测试，受训者才会提高重视程度，能够认真地对待培训活动。课后测试具有很强的应用性，设计的题目不只与培训内容相关，也会与工作实际相结合；课后测试具有很强的能动性，很考验受训者的知识理解与技能应用能力；课后测试具有很强的探索性，在处理考题内容的时候，受训者很容易发现培训内容的不同使用角度，从而引导其进行更深层次的思考；课后测试具有很强的针对性，不同层次能力的员工对培训内容的掌握程度不同，可以按级别设置考核难度，尽量实现受训员工同等程度的进步，在能力水平有区别的情况下达到提升速率相同的效果。

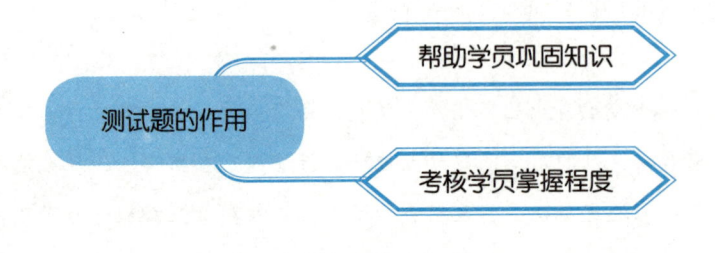

图 7-10　测试题的作用

1. 帮助学员巩固知识

在作答测试题目、解决测试问题的同时，学员会在自己所能掌握的培训内容中进行筛选并总结出答案与策略。筛选的过程也是内容回顾与复盘的过程，能够达到巩固知识的目的。比如测试管理人员处理员工纠纷的问题时，管理人员在思考解决方法的同时，会在脑海里重复再现相应方面的培训内容，从诸多知识点过滤暂时无用的内容也是另一种意义上的巩固。

2. 考核学员掌握程度

测试题的难度对应培训内容的饱和度，不会出现超纲的情况，可以很清楚地在测试成绩上反映出培训活动的效果。在受训员工认真对待测试的情况下，其测试成绩就是对培训内容的掌握程度。讲授者在了解受训员工的实际掌握程度后，可以分析受训者平均的知识掌握能力，根据详细数据制定后续的培训计划，能够逐步改善培训效果。

授课工具是培训活动开展必须考虑的重要部分。企业培训课程的讲授者需要第一手的授课资源。为了方便讲授者制定培训计划，清楚培训流程，掌握培训内容，课程开发人员应该设计内容丰富的讲师手册。另外，受训者的配合也会间接推动培训活动的顺利实施，为了保持与讲授者培训计划的一致性，课程开发人员应该为受训者设计适配的学员手册。前后两次的培训活动要内容衔接才可以保证培训活动的完整性，了解前一次的培训效果能够更好地设计下一次的培训内容，而了解培训效果的最佳手段就是开展测试，考核受训员工对培训内容的掌握程度。